CB079847

O QUE APRENDI SENDO XINGADO NA INTERNET

Copyright © 2016 Leonardo Sakamoto
Copyright © 2016 LeYa editora ltda.

Todos os direitos reservados e protegidos pela Lei 9.610, de 19.2.1998.
É proibida a reprodução total ou parcial sem a expressa anuência da editora.

Este livro foi revisado segundo o Novo Acordo Ortográfico da Língua Portuguesa.

Copidesque
Breno Barreto

Revisão
Jorge Luiz Luz de Carvalho

Capa, projeto gráfico e ilustrações
Leandro Dittz

Ilustração página 4
Laerte

DADOS INTERNACIONAIS DE CATALOGAÇÃO NA PUBLICAÇÃO (CIP)
ANGÉLICA ILACQUA CRB-8/7057

Sakamoto, Leonardo
O que aprendi sendo xingado na internet / Leonardo Sakamoto. -- São Paulo : LeYa, 2016.
160 p.

ISBN: 978-85-441-0420-0

1. Boatos (Opinião pública) . 2. Ética jornalística. 3. Difamação 4. Internet 5. Boatos na comunicação de massa I. Título

16-0444 CDD: 302.24

Todos os direitos reservados à
LeYa Editora Ltda.
Av. Angélica, 2318 – 13° andar
01228-200 – São Paulo – SP
www.leya.com.br

Leonardo Sakamoto

O que aprendi sendo xingado na internet

LeYa

ODEIO O SAKAMOTO!
SEMPRE COM ESSE PAPO DE DIREITO DISSO, DIREITO DAQUILO...
...FAZENDO DENÚNCIAS, FALANDO DE GENTE INJUSTIÇADA, OPRIMIDA... E...
...HM...!
LAERTE

SUMÁRIO

TODOS

NÓS

SOMOS

RESPONSÁVEIS

Em janeiro deste ano (estamos em 2016) recebi um insulto na minha página do Facebook. Nada de novo: desde que o meu blog começou a ganhar alguma relevância, durmo e acordo com lisonjeios do tipo. Mas esse era diferente – um amável senhor me desejava dor e sofrimento por eu ter ofendido os aposentados. E então veio outro. E outro. Aquilo não estava cheirando bem.

Em algumas horas, descobri onde se enterrava o cadáver. Naquele mesmo dia, um jornal impresso de Minas Gerais havia estampado em sua manchete uma declaração atribuída a mim: "Cientista político diz que aposentados são 'inúteis à sociedade." Nas páginas internas, uma entrevista, que eu nunca concedi, trazia barbaridades contra os idosos.

Mais tarde, o jornal reconheceu o erro e informou que a suposta entrevista nunca existira. Segundo eles, haviam enviado uma pauta com perguntas para a minha assessora, Maria Amélia, e acreditaram que aquelas eram as minhas respostas. Eu não tenho assessora. E não conheço nenhuma Maria Amélia.

Mas àquela altura, o conteúdo original não mais importava. Nem o desmentido.

As redes de ódio na internet apropriaram-se do material e afirmaram que eu havia sido pago para escrever aquilo. Ameaças de morte e agressão foram veiculadas, dizendo que eu deveria "ser caçado e morto por faca" ou que balas deveriam ser disparadas em minha testa.

Aquelas pessoas provavelmente nem repararam de onde vinha a notícia, quem tinha feito a entrevista ou se questionaram sobre a coerência daquele conteúdo. Talvez elas nem tenham lido a matéria – mas o título estava bem claro.

E, vamos ser francos, e daí se era mentira? Às pessoas que já não me amam seja pelo meu trabalho de jornalista investigativo, seja pelo meu ponto de vista progressista e a favor dos direitos humanos, interessava apenas se munir de argumentos que fundamentassem ainda mais sua raiva.

Para muitos leitores, não há mesmo diferença entre um meme de origem duvidosa, uma denúncia anônima no WhatsApp e uma reportagem extremamente bem apurada. Quando um conteúdo vai ao encontro do que eles acreditam, não se importam com a veracidade do fato. Abraçam o argumento e compartilham-no, alimentando a tal rede.

Pode haver casos indolores, que passam despercebidos. Mas a história do jornal mineiro doeu: difamação tem cauda longa.

Tomei as medidas judiciais cabíveis e o Ministério Público Federal foi informado. Todavia, esses casos duram anos arrastando-se pela internet e sobrevivendo por meio de incautos que, no limite, resolvem fazer justiça com as próprias mãos.

Esse caso explica muito da realidade que vivemos. Atravessamos a adolescência da internet, em que muitas pessoas estão descobrindo as possibilidades da rede, mas sem compreender totalmente as consequências de seus atos.

Sites anônimos e páginas sem assinatura, instalados em servidores fora do Brasil e que, portanto, dificilmente são processados, já rivalizam com os veículos tradicionais e os independentes na formação da população conectada. Basta que sigam a estrutura da notícia convencional, com título, olho, um parágrafo de abertura explicando como, quando, onde e por que e coloquem alguns links espalhados pelo texto para terem credibilidade. Se por um lado isso democratiza a comunicação, por outro, facilita a divulgação de conteúdo sem arcar com a responsabilidade por ele.

Uma parte desse conteúdo serve como munição para uma guerra suja virtual por corações e mentes – você pode não ver, mas ela está aí. Monstro que foi estupidamente alimentado pelos dois mais importantes partidos políticos brasileiros durante as eleições presidenciais de 2014, mas que está presente em todo o mundo.

Esse submundo da internet é um dos grandes culpados pela onda de ódio que vivemos. Mas ele só germinou e deu tantos frutos porque no Brasil o debate público não é qualificado. Se fosse, quem usa material falso como subsídio de argumentação nem seria ouvido ou levado a sério.

Em países onde o debate tem qualidade, existem argumentos fortes e embasados em todos os lados da discussão (e não é preciso separar as torcidas). Jornais de todos os espectros políticos – da direita à esquerda – são lidos, respeitados e comprometidos com a informação que veiculam. É assim na França. É assim na Espanha. É assim até na Inglaterra, a terra da indústria da fofoca de celebridade, mas onde um jornal envolvido em escândalo de escutas ilegais é obrigado a fechar por repúdio da opinião pública e pela fuga de anunciantes. Mesmo sendo o jornal dominical mais vendido da Grã-Bretanha. Mesmo que o dono desse jornal seja o magnata da mídia Rupert Murdoch (se lembram do caso News of the World?).

Nesse mundo em que todos têm acesso a ferramentas de comunicação de massa, mas nem todos se importam com a qualidade do conteúdo que recebem e divulgam, em que se quer discutir, mas não se conhece os ritos do debate, a educação para a mídia ganha importância.

Educação para a mídia não é uma ferramenta para a censura. Significa preparar as pessoas para selecionar e interpretar conteúdo e, ao mesmo tempo, produzir e veicular conteúdos com responsabilidade. Prepará-las para o diálogo feito de forma pública, com respeito ao outro.

Acredito que um dos grandes desafios dos próximos anos seja fomentar o sentimento de responsabilidade em quem produz, lê e compartilha informação.

É isso o que pretendo com este livro. Ele não traz grandes e profundos argumentos sobre essa polarização, nem crava quem está certo ou errado no debate público brasileiro. Mas chama à reflexão sobre o nosso papel em toda essa situação. Oferece formas e instrumentos para combater esse ódio e essa intolerância e – sobretudo – para que você, como leitor, não caia nas armadilhas de gente irresponsável, incompetente ou de má-fé e acabe se tornando massa de manobra na web (como os que acreditaram verdadeiramente na declaração do jornal mineiro).

Cada um de nós é responsável pelo momento em que vivemos, para o bem e para o mal. Então, mãos à massa.

O OUTRO É UM ILUSTRE DESCONHECIDO

Pensei que era só um avatar, não uma pessoa com sentimentos

A popularização da rede estreitou laços, juntou pessoas, conectou ideias, diminuiu distâncias (e todo esse blá-blá-blá que vocês ouvem em comerciais de operadoras de celular que querem vender "internet ilimitada"). Ela está transformando as relações humanas.

A capacidade de reconhecer-se em outro ser humano, entender suas dores e seus sofrimentos, ganhou muito com a internet por meio da aproximação de grupos que viviam apartados e que, se conectando, se juntaram para lutar por seus direitos. Mas isso é faca com duas lâminas: de um lado, aproxima, de outro, afasta.

A comunicação cara a cara, com toda a sua complexidade, por vezes é preterida diante do anteparo protetor da internet, que pode garantir a segurança desejada pelo interlocutor, mas o torna menos propenso a sentir o outro e, talvez, mudar de opinião sobre certo assunto. Nesse sentido, a internet pode se tornar um púlpito de onde se fala, mas não se ouve.

A *Folha de S. Paulo* publicou uma matéria sobre términos de namoro por meio de mensagens pelo celular, redes sociais ou aplicativos. A tentativa de se isolar para garantir mais "sinceridade" e não "machucar a outra pessoa" tem boa intenção, ainda mais quando se tem dificuldade de expressar sentimentos. E claramente é melhor do que enrolar o parceiro ou parceira por tempo indeterminado. Mas também pode ter consequências ruins.

"Estamos perdendo a habilidade de escutar o outro, deixando de desenvolver empatia e a capacidade de lidar com as próprias emoções. Se fugirmos dos términos, não vamos aprender isso nunca. Não podemos resolver tudo por WhatsApp", afirmou a psicóloga Dora Sampaio Góes, do Grupo de Dependência de Internet do Hospital das Clínicas.

Parte da discussão sobre o ódio na internet tem relação com isso. Xingo, insulto, minto, difamo, ameaço não apenas porque me sinto protegido por um pretenso anonimato, mas também pelo fato de que não vejo o meu interlocutor frente a frente. Ele é um avatar com nome desconhecido, não uma pessoa com sentimentos.

Tanto é assim que alguns seres bizarros das redes sociais são afáveis e educados no mundo analógico.

Já tive a oportunidade de cobrir diversos conflitos armados fora do Brasil. E posso garantir que uma das melhores formas que jornalistas encontram para contribuir com o fim de uma guerra é, como sempre foi, mostrar os rostos e histórias que estão por trás dela.

Políticos e militares tentam desumanizar o processo para tornar os atos de matar e invadir mais fáceis. Na Guerra do Golfo, na década de 1990, por exemplo, emissoras de TV norte-americanas transmitiam os bombardeios a alvos "militares" iraquianos por meio de imagens por satélites ou dos aviões, como se aquilo se tratasse de um grande videogame. A guerra, que é a coisa mais suja do mundo, tornava-se asséptica e, portanto, mais palatável.

Quando você gera empatia com outro povo ou grupo social, as coisas mudam. Fica mais difícil puxar o gatilho.

O mesmo ocorre com vítimas da intolerância dentro do país. Bater em alguém por homofobia é mais fácil do que defender que alguém espanque o seu irmão se ele sair do armário. Defender que uma mulher anônima que abortou vá para a cadeia é mais simples do que denunciar a própria filha por ela ter abortado ilegalmente.

A dureza da lei e a severidade da punição dependem do quanto você está distante da outra pessoa. Simples assim. Por isso mesmo, redução da maioridade penal para o filho dos outros é refresco.

Ainda é cedo para dizer se todas essas mudanças no comportamento humano causadas pela simbiose com a tecnologia da comunicação trarão ganhos maiores do que as perdas sobre a nossa capacidade de entender o outro.

Apoio radicalmente certas transformações e estranho algumas outras, por se chocarem com o mundo que eu conhecia até então. Mas sei que se as novas gerações conseguirem tornar este um lugar melhor usando uma nova codificação para comunicação, não importa qual, ótimo.

Por que há tragédias e mortes que dão audiência e outras não?

Mantive, durante anos, na sala do meu escritório, uma capa da revista *Time* retratando centenas de corpos espalhados no chão de Ruanda, vítimas do genocídio perpetrado pela maioria hutu contra a minoria tutsi em 1994. Nela, pessoas procuram por parentes, e aves procuram por almoço.

O título era algo como "Este é o início dos últimos dias, o Apocalipse" – talvez uma tentativa de chamar a atenção dos Estados Unidos e Europa para o massacre através de um elemento simbólico que está no alicerce de sua fundação: o julgamento final do Novo Testamento.

Mas não era o começo do fim, apenas mais um expurgo – tanto que, após os 800 mil mortos em Ruanda, tivemos tempo de matar mais 400 mil em Darfur, no Sudão, e mais de 270 mil na Síria, num processo em curso enquanto escrevo este livro.

Essa capa era um lembrete destinado a me empurrar para fora da zona de conforto, e também de uma verdade incômoda. Em 1998, quando eu cobria a guerra pela independência do Timor Leste, onde o exército indonésio matou – de bala ou de fome – mais de 30% da população da ilha, um vendedor me disse, ao saber de onde eu era, que ficava feliz por saber que o Brasil, visto como um grande irmão lusófono, apoiava a luta.

Não tive coragem de dizer a ele que o meu país nem sabia de sua existência e que se aqueles mauberes pardos vivessem ou morressem, quase nenhuma ruga de preocupação seria produzida aqui. Duvido que entre vocês, leitores, muitos tenham ouvido falar do massacre do cemitério de Santa Cruz, em Dili, capital do Timor. Imagine quantos massacres mais, mundo afora, acontecem e são invisíveis.

Por que relatamos tão poucas mortes nesses locais? A discussão faz parte de alguns debates acalorados em jornalismo. Isso é de interesse público? Do nosso público? As pessoas querem saber sobre isso? Como alguém vai se interessar por esse assunto se não o informamos com a devida importância? É possível ter opinião formada (não preconceito de internet) sobre aquilo do que nunca se ouviu falar? Enfim, "Tostines vende mais porque é fresquinho ou é fresquinho porque vende mais"?

Some-se a isso mais alguns elementos. Na teoria, a Declaração Universal dos Direitos Humanos diz que todos temos direito à dignidade por termos nascido humanos. Na prática, a vida de não brancos vale menos que a vida de brancos. E a vida de ricos vale mais que a vida de pobres. E a das mulheres, menos que a dos homens. Simples assim. Se nessa vida houver uma religião que cause estranhamento aos olhos ocidentais, pior ainda.

Outro elemento é a justificativa cultural de que mortes em Nova York, Roma, Paris e Londres causam mais impacto porque estão mais "próximas" de nós. Elas aconteceriam no mesmo "caldo cultural" em que estamos inseridos, com o qual temos uma histórica troca e convivência mútua, e através do qual construímos nossa sociedade.

Sabemos quem são e como vivem e trabalham os moradores dessas cidades. E, a partir desse conhecimento, geramos empatia: projetamo-nos no outro, entendemos a sua dor e conseguimos até senti-la.

Sim, mas se dividimos elementos simbólicos com a "metrópole", também temos elos com as outras "colônias", que passaram por processos históricos semelhantes aos nossos e, como nós, têm que pagar, até hoje, seus tributos. Seus problemas econômicos e sociais são semelhantes e, não raro, suas dores também. Damos as costas ao Sul e nos projetamos apenas ao Norte, sonhando, talvez um dia, em sermos reconhecidos como parte da mesma civilização ocidental da qual não fazemos parte.

Não é incomum um jovem brasileiro se interessar mais por Miami do que por La Paz. Ele aprende isso. Da mesma forma que aprende que a África, boa parte da América Latina e o Sul da Ásia são locais em que a vida não vale muita coisa, em que selvagens se matam desde sempre, como se as marcas da colonização e os processos políticos e econômicos globais, somados à ignomínia dos seus líderes locais, não valessem de nada.

Se eles tivessem oportunidade de conhecer o outro, as coisas seriam diferentes.

Tive o prazer de conhecer Ricky, por exemplo. E sua história é incrível. Ele foi raptado e escravizado quando criança pelo Exército de Resistência do Senhor, em Uganda – um grupo fundamentalista que deturpa os ensinamentos do cristianismo em sua luta por poder, liderado por Joseph Kony, que se dizia porta-voz de Deus. Os meninos passavam por lavagem cerebral para se tornar soldados, e as meninas, para servir de escravas sexuais. Ele conseguiu fugir, graduou-se e criou a Friends of Orphans, uma organização não governamental que luta para reintegrar esses jovens à sociedade.

Disse-me que não há como alguém conhecer uma criança que foi escravizada para matar e morrer e aquilo não mudar a vida dessa pessoa definitivamente. Porque o relato levaria a perceber que todos aqueles que matam em nome de Alá ou Jeová, na verdade, não acreditam neles. E que mesmo esses "combatentes" não são bestas-feras, mas pessoas transformadas em máquinas de guerra. Às vezes em nome daquilo que enche o tanque de nossos carros, outras vezes em nome daquilo que brilha em dedos e pescoços.

Temos afinidade com aquilo que nos é mais próximo ou que desperta determinados sentimentos e maior empatia. Entendo que a libertação de 150 escravos que sangram na Amazônia, para produzir boi que muitos nem sabem como vira bife, choca menos que o resgate de um jovem sequestrado em nossa cidade.

Talvez a resposta resida no fato de que uma criança nua, exausta e com olhar perdido numa cama na beira de estrada depois de uma hora de sexo forçado, ou coberta de sangue após um dia de confronto armado, ou explodida em mil pedaços após um ataque suicida, não é uma coisa fofa de se ver. Pelo contrário, para muitos é repugnante a ponto de transferirem a culpa pelo ocorrido para a própria vítima, que "se deixou ficar naquela situação deplorável".

A discussão não é apenas sobre a distante África, mas também sobre as periferias de nossas cidades. Em São

Paulo, no Rio e em tantas outras, há uma matança de jovens, negros e pobres – segundo as estatísticas do poder público. Mas desde que seu sangue não respingue nos outros, tudo bem.

Não estou comparando tragédias pelo número de mortes, uma vez que uma única morte pode significar uma tragédia. Mas a indignação por alguma coisa não exclui a indignação por outra. E jogar debaixo do tapete os incômodos que também dizem respeito a todos nós não os faz desaparecerem.

Portanto, busque informação na internet, nos jornais impressos, nos livros etc. para além de sua zona de conforto. E exija de nós, jornalistas, que tenhamos coragem de oferecer informação que as pessoas não querem ler a despeito da audiência, da circulação e de outras formas de "medir" o interesse público.

Como perfis do Facebook são usados para conquistar seu voto

Imagine que um dia você descubra que uma grande amiga das redes sociais, que, assim como você, viajou para Buenos Aires no ano passado, casou-se em abril em uma festa na praia, curte rock das antigas e tem um labrador caramelo, seja, na verdade, um jovem universitário barbudão contratado por uma campanha com um único objetivo: te convencer a votar na candidata X ou no candidato Y.

Agora imagine que esse jovem controle, além da sua amiga loira bonita de olhos azuis, outros cinco perfis, que possuem vidas, sonhos e histórias próprias, tudo criado para esse mesmo fim.

Como diria Morpheus, o icônico personagem de Laurence

Fishburne, da trilogia Matrix: o que é real? Como você define o real?

Todo mundo já ouviu histórias de perfis em redes sociais que existem para promover ou desconstruir reputações e que são controlados por profissionais. Então, acredite, tudo o que você pode ter ouvido não é nada comparado à realidade.

Ao contrário do que se pensa, os trolls – usuários que se dedicam a desestabilizar discussões na internet e provocar outras pessoas – que babam, cheios de raiva, e cometem ignomínias são uma parte pequena desse processo. Os profissionais não ficam elogiando cegamente seu candidato ou atacando loucamente o adversário, mas são guiados por pesquisas comportamentais e pela análise da estratificação da população, desenvolvem equipes de "semeadores de ideias" para atingir os eleitores e usam softwares capazes de detectar a difusão de opinião na web, para agir imediatamente, barrando o que é ruim e promovendo o que é bom.

O que algumas pessoas chamam de "trolagem" é, na verdade, uma ciência.

Durante as eleições de 2014, consegui entrevistar um dos fundadores de uma dessas empresas, que me explicou como funciona o processo.

Paulo (é óbvio que o nome foi alterado para preservar sua identidade) é diretor de uma empresa especializada na construção de reputações na internet. Seu trabalho é fazer com que marcas, sejam elas de empresas ou pessoas, tornem-se não apenas conhecidas, mas também respeitadas e admiradas. Em períodos eleitorais, campanhas políticas o contratam para fazer o mesmo por seus candidatos. Ele atua em duas frentes: na principal e visível, ergue o político contratado. E, secundariamente, e com máxima discrição, desconstrói o discurso de seus adversários.

Em uma campanha eleitoral, os dois grupos – de construção e desconstrução – atuam de forma independente e separados um do outro. No primeiro, os perfis usados são reais, de pessoas da sua equipe. No segundo, um grupo de cinco pessoas controla meia dúzia de perfis cada – criados especialmente para isso.

Quem elogia, não bate. Quem bate, não elogia.

As duas equipes são chamadas de "seeders" ("semeadores", em inglês) e têm o objetivo de disseminar conteúdo sobre os candidatos, como pessoas comuns fariam.

Uma coisa é uma *fanpage* de um candidato distribuir notícia. Outra é uma pessoa comum fazer isso circular, interagindo e debatendo com os outros internautas sobre aquele conteúdo, demonstrando dúvidas, avançando, retrocedendo, construindo junto. Essa relação humanizada é o que torna eficaz a conquista de votos.

Paulo realiza constantemente um mapeamento digital das páginas que tratam de política, sejam elas de veículos jornalísticos, pessoas ou instituições, e do comportamento delas. Os seus semeadores se conectam a essas páginas e a uma série de outras listas e grupos – cada perfil chega a participar, muitas vezes, de cem ou duzentas listas de discussão ao mesmo tempo.

Ferramentas digitais possibilitam que comentários feitos por esses perfis, verdadeiros ou *fakes*, sejam publicados em todas essas listas ao mesmo tempo, disseminando informações positivas sobre o seu candidato ou negativas sobre o adversário. Nesse ponto, ele faz questão de ressaltar que não faz trolagem violenta ou mentirosa. "Não dissemino calúnia, nem invento histórias."

Até porque, segundo ele, isso traz outro problema. Sua empresa não é a única que presta esse serviço no mercado.

Paulo explica que, durante a campanha, uma das empresas contratadas pela candidata adversária fazia a mesma coisa que ele. É possível, usando algumas ferramentas, detectar a repetição de postagens em perfis semelhantes e, através da checagem de IPs, perceber que se trata de um perfil *fake*. Quando isso acontece, esses perfis podem ser denunciados para a rede social, que os tira do ar. "Durante essa campanha, tiramos vários perfis falsos da campanha da adversária do ar, mas eles não conseguiram tirar nenhum nosso."

Antes, segundo ele, eram necessárias de trinta a quarenta denúncias para derrubar um perfil falso. Hoje, com apenas duas o Facebook – a principal plataforma onde ocorre essa disputa digital – já solicita para o perfil alguma forma de comprovação de que ele realmente pertence a uma pessoa de carne e osso.

O rastreamento de um perfil falso nem sempre é simples. Muitas vezes, os *seeders* atuam via acesso remoto – por meio de seus computadores, eles se conectam a uma máquina virtual que está em outro país (normalmente um que não possui legislação para liberação de informações compatível com as leis brasileiras). Nada fica registrado no terminal por aqui, garantindo segurança e anonimato.

Opta-se também por utilizar sistemas que interpõem dezenas de roteadores ao servidor de origem. Ou seja, mesmo que consigam descobrir o servidor de postagem, não é ele o que realmente foi utilizado pelo operador.

Existe toda uma ciência por trás da criação e manutenção de perfis. Bons perfis não são criados da noite para o dia e desativados após as eleições. Existem indefinidamente, com suas vidas próprias, sendo alimentados constantemente pelos profissionais contratados por essas empresas. Dessa forma, parecem ser pessoas reais, com gostos, medos, preferências, preconceitos, virtudes, enfim, como você e eu.

Sim, alguns de seus amigos digitais, talvez algum daqueles que você nunca viu pessoalmente, podem existir apenas na rede social com o objetivo de te vender algo ou alguém.

A criação desses perfis não é aleatória, mas decorrente de análises de grupos sociais. Pode ser um Lineu, uma Nenê, um Tuco, uma Bebel, um Agostinho e até um Beiçola, com suas características e personalidades. De acordo com cada área de atuação, muda o grupo de perfis. E, como já disse, eles se casam, fazem aniversário, torcem para times de futebol, participam de grupos e fazem amigos.

Uma curiosidade: segundo Paulo, quanto mais esteticamente bonito for o personagem do perfil *fake*, seja homem ou mulher, mais amigos e amigas consegue conquistar.

Cada um dos "operadores" dá vida a um grupo de perfis, incorporando os personagens. Entre os contratados para a tarefa, estão estudantes universitários com excelente texto e cultura geral, com boas sacadas e resposta rápida, capazes de convencer por meio de sua atuação. Recebiam em torno de R$ 5 mil por mês no período eleitoral de 2014.

No caso de desconstrução, as táticas são as mais variadas. Para entender até onde vai o nível de refinamento, há casos em que os seeders passam a campanha inteira, ou seja, meses, apoiando loucamente o candidato adversário e lutando por ele contra o seu próprio candidato.

Um pouco antes da eleição, o perfil começa a concluir, junto às listas de discussão das quais faz parte, que aquela proposta de educação do adversário, por exemplo, é interessante. Aos poucos, vai alterando a sua opinião, expondo publicamente essa reflexão de mudança, até que se convence de que o melhor é, na verdade, o próprio candidato contratado pela empresa. Vira a casaca publicamente e traz muitos votos consigo.

As pessoas que se identificavam com ele e também estão cheias de dúvidas acreditam que ele passou por um processo genuíno de convencimento baseado em fatos e vão junto.

Se não acredita que esse comportamento de manada funcione, uma sugestão: vá para uma praça no centro de São Paulo com um grupo de uns dez amigos e comece a tirar fotos com um deles como se ele fosse uma celebridade. Finjam que nenhum de vocês conhece um ao outro. Você vai ver que, em pouco tempo, aparecerão pessoas que, mesmo desconhecendo o sujeito, também vão querer ser fotografadas com ele.

Segundo Paulo, a difusão de conteúdo na internet baseia-se em dois pilares: relevância (você precisa ser bom naquilo que fala) e autoridade (as pessoas precisam reconhecer isso, por meio de links, curtidas, compartilhamentos). "Nós criamos autoridade", explica.

Por vezes, os perfis – tanto os reais da equipe de construção quanto os *fakes* da equipe que atua na desconstrução – se juntam para corroborar uma opinião do grupo, ou apoiar ou criticar fortemente a opinião de alguém de fora. Questionamentos fortes jamais ficam sem resposta, principalmente se, no mapeamento, a página ou perfil que postou a informação possui relevância na rede e é formador de opinião.

Essa é apenas uma pontinha de um imenso iceberg que é a atuação de uma campanha na internet. O interessante é que praticamente todos os candidatos a cargos relevantes usam esse serviço, para construir, para se proteger, para desconstruir. E ele causa um impacto gigante. "A internet tem um melhor custo-benefício que a TV e, hoje, causa muito mais impacto para uma campanha, mas utiliza bem menos recursos", afirma Paulo.

Para ele, desconstruir reputações é mais fácil, sempre, do que construir. Mas não se desconstrói uma reputação com musculatura em pouco tempo, ou seja, no tempo de uma eleição. A credibilidade de um candidato, o seu patrimônio político, é garantida pela importância do que ele faz e pelo reconhecimento público disso. Esse tipo de reconhecimento, estruturado em rede, não se constrói do zero ou se destrói profundamente de um dia para outro.

"Se os políticos fizessem apenas metade do que deveriam fazer, já estavam reeleitos. O problema é que gastam milhões durante a campanha eleitoral para convencer os outros de que fizeram o que realmente deveriam ter feito. São muito burros", avalia.

SOMOS
EDUCADOS
A TOMAR
PARTIDO

O silêncio não é neutro

Cristina percebeu que alguma coisa não estava bem quando a filha lhe mostrou uma imagem que bombou no grupo de WhatsApp dos amigos da escola durante a campanha presidencial de 2014. Ela trazia Dilma Rousseff com um revólver na cabeça e a legenda "30 likes e eu atiro".

Não só. Musiquinhas preconceituosas e todo tipo de campanha violenta faziam parte do pacote circulante. Se já seriam odiosos entre adultos, imagine então com crianças, que não são plenamente capazes de refletir sobre as consequências de seus atos.

Seus filhos estudam em um renomado colégio da classe média alta paulistana. Não são os únicos casos, pelo contrário: recebi queixas de pais e mães com filhos e filhas em outras tradicionais escolas da cidade vivendo situação semelhante.

A filha de Cristina, que, desde cedo, recebeu dos pais uma educação para o diálogo, e não o conflito, estava mais quieta. Como as eleições haviam tomado conta das conversas na escola, ela tinha medo de dizer que a mãe iria votar em Dilma, pois todas as outras crianças afirmavam que seus pais votariam em Aécio. E ai de quem defendesse o contrário.

E não é uma questão de maldade ou bondade. Pelo contrário, estão simplesmente reproduzindo o comportamento que aprenderam em casa, repetindo o que seus pais falaram, ou aquilo que leram e ouviram na internet.

"Vagabunda"; "Essa corja tem que morrer"; "Essa raça deve ser exterminada"; "Vadia"; "Tinha que esfolar viva"; "Quem vota nela devia ser preso"; "Bando de nordestino ignorante".

Cristina ouviu sua filha perguntar: "Mãe, mas por que você vota na Dilma? Nenhum pai vota na Dilma." Ela voltou a explicar para a filha as razões da sua opção e disse que toda escolha deveria ser respeitada.

Mas, tempos depois, quando estava dando uma carona para uma amiguinha dela e ouviu "Tia, em quem você votou?", titubeou. E após refletir, mentiu: "Eu votei nulo."

Queria proteger a filha de sofrer *bullying* na escola caso o seu voto corresse pela classe. O mais difícil, contudo, foi explicar à filha a razão de ter feito aquilo, uma vez que lhe ensinara que mentir nunca era uma opção. Muito menos esconder-se daquilo em que se acredita.

É claro que, dependendo da cidade, estado ou região, a mesma coisa pode ter acontecido com sinal trocado, com *bullying* contra crianças de pais que votariam em Aécio Neves por parte de crianças de pais que votariam em Dilma. Já ouvi pais, de outro canto do país, reclamando de filhos que sofreram na escola por eles serem eleitores da oposição – "Seu pai vai trazer desemprego para esta cidade elegendo esse sujeito!" Ou seja, a ignorância segue livre, sem ser monopólio de ninguém.

"Não vejo isso como culpa da escola", diz Cristina. "Deve haver outras crianças com pais que votaram na Dilma, mas ninguém se manifesta. Senão, vai ser massacrado."

Culpa, não. Mas há, sim, responsabilidade. De acordo com Telma Vinha, professora de psicologia educacional da Faculdade de Educação da Unicamp, a percepção sobre o coletivo, bem como o aprendizado sobre justiça, diversidade e tolerância, ocorre na escola. Esse é o ambiente onde devem conviver opiniões diferentes. Portanto, por mais que alunos e alunas tragam de casa uma visão intolerante, a escola deve transformar e dar novo significado a essa visão. Não para doutrinar ou censurar, mas para garantir o respeito à divergência.

Na escola, aprendemos a lidar com a igualdade e a diferença. Se um pai diz para não andar com gays porque eles são "sujos", na escola a pessoa terá a oportunidade de aprender que, na verdade, as coisas não são assim e que as diferenças entre as pessoas representam uma vantagem, e não uma desvantagem para a sociedade.

Perguntei à Cristina se não havia a possibilidade de os pais conversarem sobre essa situação para tentarem criar um ambiente mais tolerante. "A lista de pais da escola no Facebook é de chorar. Funciona, basicamente, como uma agência para contratação de empregadas domésticas, motoristas e cozinheiras." Segundo ela, qualquer tentativa de discussão sobre esse assunto descamba para a truculência.

Nesse sentido, uma sugestão apontada por Telma é a escola promover debates e reuniões para que todos entendam que tipo de mensagem estão passando para seus filhos. Dois pais ou mães que defendem o voto em Dilma e dois pais ou mães que defendem o voto em Aécio poderiam ser convidados para apresentar seus pontos de vista aos alunos em uma turma, de forma respeitosa.

"A discussão não é sobre Aécio e Dilma, mas sobre o tipo de pessoas que a gente quer formar", afirma Telma. "O planejamento para a discussão de valores e do respeito a ideias divergentes é tão importante em uma escola quanto o do conhecimento técnico."

Com a popularização das redes sociais e a quantidade de tempo que os mais jovens passam conectados, é de se esperar que a família não seja a sua única fonte de formação fora da escola, talvez nem a principal. A escola tem que estar preparada para entender isso e convidá-los à reflexão sobre tudo isso.

"A escola sempre vai transmitir valores. Quando ela fecha os olhos, está transmitindo valores. A intolerância para com o outro é um valor", lembra Telma. Enfim, o silêncio não é neutro.

Caso contrário, independentemente de quem tenha ganhado, todos perderemos. Pois se os mais jovens estiverem sendo formados no medo e na intolerância, o resultado dessa derrota poderá consumir uma geração.

Lógica binária, orgulho nacional

- Criticou gastos para a Copa? Não gosta de futebol.

- Foi à rua protestar? Quer derrubar o governo.

- Não bate panela? Corrupto.

- Elogiou uma ação do governo federal? Petralha.

- Comentou que uma política de São Paulo era boa? Tucanalha.

- É de esquerda? Tem que fazer voto de pobreza.

- É de direita? Chicoteia os empregados.

- Defendeu sem-teto? Se não levar para casa, é hipócrita.

- Torceu o nariz para o machismo? É bicha.

- Fumou maconha? Amanhã vai fumar crack.

- Não tem Deus no coração? É do mal.

- Criticou a violência policial? Quer policiais mortos.

- Foi contra linchamento? É a favor de bandido.

- Não postou foto? Não esteve lá. (E se não deu like, é porque não é amigo.)

- Dançou animada na balada? Tá pedindo homem.

- Vestiu saia curta na rua? Tá pedindo homem.

- Sozinha no Carnaval? Tá pedindo homem.

- Reclamou da concentração de verba pública para uma emissora de TV? Não pode ver novela.

- É índio? Tem que andar nu e não ter carro.

- Fez greve em ano de eleição? É da oposição ou inocente útil.

- Não é homem? Então, tem que ser mulher.

- Não está conosco? Então, está contra nós.

- Não é patriota? É um inimigo da nação.

- Não o ama? Então, deixe-o.

Nutro certa inveja por pessoas que demonstram um pensamento binomial. Para elas, a vida é tão simples! É A ou Z – e só. Não existe outra coisa entre um polo e outro, nenhuma área cinzenta, nenhuma dúvida, nada. Nessa visão, o mundo não é complexo. As pessoas ruins é que tentam turvar aquilo que é claro, confundindo os "homens e mulheres de bem".

Daí, para a vida fazer sentido, querem que todos abracem uma ideia e simplifiquem o mundo ao máximo. Quando veem algo que foge disso, desesperam-se. Se você não consegue fazer isso, sem problema, eles te dão uma mãozinha, taxando você.

Porque aquilo que não se encaixa não pode existir.

A vida é mais complexa do que se vê

SE ALGUÉM...

Critica uma ação policial.

Não significa que...
Quer que a polícia deixe de existir e que os policiais sejam demitidos ou se machuquem em serviço.
Talvez apenas...
Defenda que a polícia deve ser treinada em formas não violentas (e, portanto, mais efetivas) de abordar a população e a não responder na mesma moeda porque ela não está em guerra com sua gente.

SE ALGUÉM...

Defende o direito ao aborto.

Não significa que...
Quer que todas as mulheres grávidas sejam obrigadas a abortar ou que aborto se torne método contraceptivo, como preservativo ou pílula.
Talvez apenas...
Queira garantir que menos mulheres morram ou fiquem estéreis em procedimentos improvisados, porque sabe que alguém que deseja abortar vai encontrar um jeito de fazê-lo.

SE ALGUÉM...

Reclama do tratamento que é dado pelo poder público a usuários de drogas dependentes químicos.

Não significa que...
Quer que todos os jovens das grandes cidades se tornem zumbis que assaltam suas próprias casas e ameaçam a vida de outros para conseguir suprir seu vício.
Talvez apenas...
Considere que a porrada e o isolamento forçado não são as melhores formas de lidar com a história e que a reintegração de muitos dependentes é um processo longo que demanda confiança e paciência.

SE ALGUÉM...

Diz que é contra a redução da maioridade penal para 16 ou 14 anos.

Não significa que...
Concorda que pessoas dessas idades possam cometer crimes livremente e sair impunes.
Talvez apenas...
Defenda que reduzir a idade não vai reduzir a criminalidade. Pelo contrário: vai jogar mais gente que estava em colégios de crimes (como as unidades da Fundação Casa) em universidades do crime, que são as cadeias e as penitenciárias. Isso passa por um trabalho estrutural que também dê opções de vida aos mais jovens.

SE ALGUÉM...

Defende a política de cotas raciais e sociais.

Não significa que...
Esteja sendo "racista ao avesso".
Talvez apenas...
Pense que é necessário garantir uma política provisória e diferenciada a grupos que, historicamente, estiveram à margem até que estejam em pé de igualdade no que diz respeito ao acesso a direitos com o restante da população.

SE ALGUÉM...

Critica campanhas publicitárias machistas.

Não significa que...
Esteja atuando contra a liberdade de expressão ou tentando deixar a vida mais chata e politicamente correta.
Talvez apenas...
Acredite que campanhas assim ajudam a banalizar ainda mais a violência de gênero.

SE ALGUÉM...

É contra o linchamento de pessoas acusadas de cometer crimes.

Não significa que...
Seja a favor desses crimes.
Talvez apenas...
Defenda que todas as pessoas têm direito a um julgamento justo. E, caso comprovada sua culpa, que sejam punidas de acordo com o que prevê a lei. Pois se optarmos pelo olho por olho, dente por dente, em breve todos estaremos cegos e banguelas. Lembre-se de que o indivíduo pode ser racional, mas a turba, não raro, é burra. Veja as redes sociais.

SE ALGUÉM...

Exige que gays, lésbicas, bissexuais, travestis e transexuais sejam tratados com os mesmos direitos.

Não significa que...
Está tentando instaurar uma "ditadura gayzista".
Talvez apenas...
Esteja tentando diminuir a fúria da ditadura heteronormativa, que diz quem devemos amar ou com quem podemos nos deitar diariamente.

SE ALGUÉM...

Defende ocupação de imóveis vazios e improdutivos por quem possa neles morar e produzir.

Não significa que...
Está querendo implantar o comunismo no Brasil, com o confisco imediato de todas as propriedades privadas para o Estado premiar "vagabundos" em vez dos "trabalhadores de bem".
Talvez apenas...
Acredite que a existência de imóveis vazios e improdutivos entregues à especulação enquanto pessoas dormem na rua ou passam fome é a verdadeira violência. E que não é porque eu "comi o pão que o diabo amassou para conquistar o que tenho" que devo defender que todos passem pelo mesmo sacrifício.

SE ALGUÉM...

Defende políticas sociais que beneficiam os mais pobres.

Não significa que...
Tenha que viver uma vida de abnegação e sofrimento, tomando água da chuva, disputando restos de migalhas com pombos no entorno de alguma padaria, vestindo sacos de estopa e permanecendo na era pré-digital sem nenhum contato com tecnologia (afinal não há cadeia produtiva de aparelhos eletrônicos que não esteja contaminada com algum problema social e ambiental).
Talvez apenas...
Acredite que todos temos escolhas, inclusive a de defender outra classe social à qual não pertençamos necessariamente. O nome disso (conseguir se enxergar no outro e entender o seu sofrimento) não é hipocrisia, mas sim empatia.

SE ALGUÉM...

É ateu.

Não significa que...
Seja mau.
Talvez apenas...
Não acredite em divindade alguma, o que não influencia em nada o caráter de uma pessoa.

SE ALGUÉM...

É um jovem negro andando na rua.

Não significa que...
Seja um meliante que esteja com intenção de te assaltar e levar seus pertences e que, por isso, você deve correr imediatamente e chamar a polícia, pois ele pode até não ter manifestado (ainda) seu desejo de sangue, mas, em algum momento, irá manifestar – sabe como essa gente é...
Talvez apenas...
Seja um jovem negro andando na rua. E você seja um poço de preconceito.

SE ALGUÉM...

É petista, psolista, tucano, palmeirense, corintiano, flamenguista, fluminense, Garantido, Caprichoso, esquerda, direita, centro, onívoro, vegano, pedestre, ciclista, motorista.

Não significa que...
Seja o mal encarnado.
Talvez apenas...
Pense diferente de você. Criticar ideias e ações faz parte do debate público. Mas cuidado com o processo de desumanização, que transforma tudo em nada e seres humanos em objetos que podem ser facilmente descartados. Infelizmente, tenho a sensação de que estamos caminhando para isso.

“Direitos humanos é coisa de comunista”: por que decidi torcer para o meteoro

– Você não tem vergonha de escrever aquelas bostas no seu blog?

Eu olhei o transeunte com um misto de cansaço e certa resignação. Afinal de contas, sei onde moro... Se estivesse em um dia melhor, teria tentado engatar um longo e saudável diálogo, que é o melhor remédio para a incapacidade crônica de conviver com a diferença.

Por exemplo, há algum tempo, depois de ouvir um monte de coisas ruins de uma mulher no supermercado, não me dei por rogado e resolvi bater papo. Ela se assustou. Afinal de contas, essa não costuma ser a etiqueta na internet: a gente tem que aceitar ser xingado e/ou xingar de volta. O que fazer diante de um afável “querida, vamos conversar um pouco?”. Daí, saí atrás dela pelo corredor de higiene pessoal, pedindo para que falássemos um pouquinho. Ela acelerou o passo ao chegar aos detergentes e, dando uma corridinha, optou por virar – de forma espantosa – à esquerda. Infelizmente, a perdi entre a seção de peixes e a de leite em caixinha.

Mas dessa vez, queria apenas seguir meu caminho e ir até a lotérica para fazer um jogo da Mega-Sena. Sei que tenho mais chance de ser atingido por um meteoro do que ganhar nessa bodega, mas como tenho torcido muito para que o meteoro realmente venha e dê *reset* no planeta, acho que minhas chances sobem.

– Do que você está falando, meu amigo?

– Daquelas coisas bolivarianas e comunistas que você escreve.

– Me dá um exemplo que tento melhorar (#ironia).

– Você ataca a família. Não quero meu filho aprendendo a ser gay na escola com essas doutrinas. Você também fica defendendo vagabundo. Tinha que deixar a polícia resolver isso tudo. Por que você não fala da classe média, que é quem passa necessidade de verdade neste país?

Aprendi que tenho que ficar a uma distância de segurança desses personagens. Pelos perdigotos, pela integridade física. Em 2014, um me reconheceu, abriu a janela do carro, gritou "volta pra Cuba, filho da puta" e cuspiu na minha direção. Não deu tempo de explicar que minha mãe faz salgados para festa; portanto, não é puta. E que putas são trabalhadoras que merecem todo o respeito. Em outra ocasião, um jovem do tamanho de um armário me acertou uma ombrada na rua que quase me desconjuntou, para depois sair rindo com os amigos por ter batido no comunista. Bater em mim é fácil, queria ver ele fazer isso com o Minotauro.

Existe uma diferença grande entre ameaças que chegam por via digital e a interação física, que demanda certa coragem (ou loucura) por parte do interlocutor. Mas o clima de polarização e justiçamento diante da insatisfação está batendo nas tampas, e, ao mesmo tempo, a percepção da fraqueza ou a inutilidade das instituições públicas abre a porteira dos dodóis.

Quem me acompanha sabe que, há tempos, sou perseguido em restaurantes, na rua, em aeroportos, dentro e fora do país – já citei esse comportamento bizarro algumas vezes no blog. Na maior parte do tempo, é divertido. O problema é quando as ações diretas acabam descambando para a violência ou as ameaças são executadas.

Voltando ao senhor que usava um suéter:

– Você sabe que meu blog é sobre direitos humanos, né?

– Direitos humanos é coisa de comunista! É coisa de bolivariano!

– Meu amigo, isso é bobagem. Os direitos humanos modernos são uma referência mínima para garantia de um conceito bem ocidental de dignidade e nasceram no seio do liberalismo. A própria Declaração Universal das Nações Unidas, de 1948, sofreu resistência do bloco soviético na época por conta, entre outros temas, da presença da propriedade privada como direito humano.

Ele me olhou por um tempo, meio perdido, e respondeu:

– A gente não precisa de liberalismos por aqui, de comunistas dizendo o que a gente tem ou não que fazer, de pouca vergonha. Na minha casa e na minha empresa não entram liberalismos.

Daí, desisti. Decidi fazer um jogo de Loteca também. E torcer para o meteoro.

A moral da história é: você, irresponsável, que veicula desinformação, ignorância e estupidez pelas redes sociais, saiba que esse homem chegou a esse fundo do poço graças à sua ajuda. Espero que tenha muito orgulho disso. Pois a questão não é ser progressista ou conservador, mas é circular informações equivocadas, muitas delas com potencial para gerar violência – física ou simbólica.

Ao mesmo tempo, congratulações aos veículos de comunicação que insuflam o Fla-Flu político. Muitos não veem necessidade em buscar pluralidade nas fontes que lhes informam e acreditam que estão sendo municiados para uma guerra.

E parabéns também aos outros tantos que sabem que tudo isso acontece, mas preferem ficar dentro de sua bolha na rede social, achando que o mundo lá fora é a barbárie e tudo o que você precisa está no seu bar vilamadalenizado ou no seu grupo de amigos praianos.

Pois a ignorância coletiva precisa, para se reproduzir, do silêncio dos que têm consciência, mas não falam.

A esquerda é maior que partidos políticos

Somos educados desde cedo para tomar partido na luta do bem contra o mal, e não para entender a pluralidade de pontos de vista ou mesmo o fato de que "bem" e "mal" são construções que atendem a interesses de determinados grupos sociais. Não são absolutos e precisam ser enxergados à luz de seu contexto. E que, além disso, nós vivemos tempos complexos e cujas respostas vão além do sim e do não.

É tão raso quando alguém atribui a origem de todos os males a um único partido, seja PT, PSDB, e por aí vai, quando sabemos que as coisas são bem mais complexas. Ou quando se encara um posicionamento político na forma de filiação partidária.

Fico fascinado quando alguém identifica um perfil de esquerda (desculpe, mas, na falta de uma categoria melhor para agrupar essa massa disforme, vai uma palavra desgastada e mal-entendida como essa mesmo) em minha matriz de interpretação do mundo e, sem pensar duas vezes, me chama de "petista". Como se todo petista fosse obrigatoriamente de esquerda (nada mais equivocado) e como se toda a esquerda não fosse, em si, muito maior que o partido em questão.

Concordei, por exemplo, com ações adotadas pelo governo da presidente Dilma Rousseff quando elas foram ao encontro de um ponto de vista sobre qual deve ser a real função do poder público (como a libertação de escravos e a implementação de instrumentos para punir economicamente empresas que se beneficiam da superexploração do trabalhador).

Ponderei quando o governo implementou ações importantes mas que precisam de melhorias para efetivarem todas as suas possibilidades (como o próprio Bolsa Família).

E protestei veementemente quando esse governo foi contra o que tenho como princípio. Por exemplo, o toma lá dá cá no Congresso e a corrupção como instrumento de governabilidade, a política anacrônica de "desenvolvimento" que passa por cima de comunidades indígenas e tradicionais para gerar energia elétrica, o assalto aos direitos trabalhistas e previdenciários no intuito de fazer caixa e resolver os erros do próprio governo, para citar apenas alguns casos, que, infelizmente, são a maioria.

Quem acompanha o meu trabalho sabe que o estelionato eleitoral do governo Dilma, que prometeu uma administração voltada à proteção dos direitos dos trabalhadores e das minorias em sua campanha, não representa minha visão de mundo.

Este jornalista tem muito mais textos criticando políticas dos governos petistas do que concordando com elas. Mas isso não importa. Pois na cabeça de muita gente, de um lado ou de outro, estamos vivendo uma guerra.

E, em uma guerra, encontramos espécimes que latem coisas do tipo: "Ou você está comigo ou está contra mim, porque o mundo se divide em amigos e inimigos."

Um partido, independentemente de estar no governo ou na oposição, não é algo monolítico, e sim dividido em correntes. Há divergências entre base e cúpula ou entre quem trabalha em função remunerada e quem é voluntário. Há pessoas que ficam possessas com atitudes das altas instâncias de seu próprio partido.

Tal qual um sinal colorido captado por uma televisão em preto e branco, não raro encontramos gente que, diante de uma profusão de cores e tonalidades, força o mundo a perder toda a sua riqueza e se ajustar a uma realidade sem graça. Não existe o amarelo, o verde e o vermelho, o que reina são tons de cinza. E, ainda assim, menos de cinquenta deles.

Não raro, a pessoa nem poderia ser cobrada por isso. Como exigir que consiga verbalizar a distinção de cores se elas nunca lhe foram devidamente apresentadas? Se, durante toda a sua vida, tudo e todos fizeram-na acreditar que as opções eram apenas duas: o céu e o inferno?

A cultura política deveria ser fomentada, desde cedo, via estrutura formal de educação. Mas também por meio de nosso trabalho como jornalistas, evitando simplificações políticas onde há complexidade.

Animar o debate público de qualidade para mostrar que há matizes e zonas cinzentas mesmo dentro de grupos que parecem coesos é fundamental. Não fazendo picuinhas, mas analisando o que significa cada discurso.

A esquerda e seus ideais são maiores que partidos que dizem falar em seu nome e decepcionam o povo ao se tornarem aquilo que mais criticavam no intuito de se manterem no poder. Esses erros fazem com que décadas se percam, retrocessos aconteçam e conquistas sejam jogadas no lixo.

Mas a esquerda também é maior que pessoas que não gostam de ler livros de história. Porque a história de movimentos contra-hegemônicos é uma história de reconstrução.

Um partido pode se esfacelar diante de seus erros e dos crimes de seus membros. Mas uma ideia, não. Líderes, falsos ou reais, que falam em nome do povo, caem a toda hora. Mas uma ideia, não. Posso morrer a qualquer momento, atropelado por um carro ou atingido por um maluco. Mas a ideia aqui defendida sobrevive.

Porque a ideia da luta por justiça social e dignidade e pelo direito à identidade e o combate à desigualdade nas grandes cidades e no campo segue viva com movimentos, coletivos e organizações.

Com pessoas conversando, reconhecendo-se na opressão e tomando as rédeas da sua própria vida e da vida dos lugares onde vivem.

Para alguns, isso é reconfortante. Para outros, desesperador.

Golpe e impeachment: as palavras têm o poder que conferimos a elas

Se as pessoas soubessem o poder real de algumas palavras, não aceitariam tão facilmente que elas fossem escancaradamente escondidas por aqueles que já sabem de sua força. Pois uma palavra, quando repetida por uma multidão que é plenamente consciente de seu significado, é capaz de mudar muita coisa.

Anos atrás, articulando a implementação de um projeto para prevenção da escravidão contemporânea entre crianças e adolescentes, na região da rodovia Transamazônica, ouvi um pedido inusitado. Autoridades locais solicitaram que o termo "escravo" não fosse usado na formação dos professores e agentes sociais envolvidos.

A palavra se tornara maldita em alguns lugares do Pará, tão condenada quanto conjurar o capeta. A autocensura diante do medo pode fazer o tema diminuir em importância e submergir frente a outras prioridades. Para certos produtores rurais da região, que usam de violência para resolver seus problemas, aberrações como escravidão são permitidas na fronteira agrícola. Mas a verdade, não.

Sabemos, é claro, que o que convencionamos chamar de "certo" ou "errado", ou mesmo "belo" ou "feio", é decorrente de um processo de formação de significados que depende, por sua vez, do pensamento hegemônico, que pertence ao grupo que está por cima da carne seca em cada sociedade. Ou seja, não é Deus envolto em legiões de querubins e arcanjos que desce até a Terra e define tudo isso. São pessoas, grupos sociais que criam significados e os recriam ao longo do tempo.

Quem você acha que definiu que o padrão de beleza vigente reside em homens e mulheres brancos, magros, com nariz afilado e cabelo liso? Comunidades negras da África subsaariana? Uma nação indígena no Alto Rio Negro?

"Verdade" pode ser algo construído também. Se há uma enxurrada de versões semelhantes sobre um mesmo fato, a versão contrária, com menos defensores, não raro passa a ser tratada como mentirosa ou falsa, quando todas são apenas versões e merecem a mesma atenção.

Pois eu posso construir uma verdade garantindo a ela "reputação", elevando-a à categoria de *treding topic* no Twitter e pautando-a nos principais veículos de comunicação de massa, por exemplo. E posso garantir "credibilidade", fazendo com que formadores de opinião falem sobre ela o tempo todo ou pedindo para especialistas atestarem sua validade. Mesmo que essa "verdade" seja apenas parte da história.

E quem consegue fazer isso com mais facilidade? Quem tem poder econômico, político e midiático. Isso é jornalismo para iniciantes, embora nem sempre a imprensa leve muito a sério.

Muitas empresas não dizem mais que “demitiram” 1.300 empregados. Falam que “descontinuaram os contratos” ou “interromperam o relacionamento” com os empregados – que também mudaram de nome: “colaboradores”. Uma porrada no rosto da namorada é tratada por muitas famílias brasileiras como “desentendimento de casal”. Uma tentativa de estupro ou de violência sexual é considerada “forçar a barra” em algumas notícias.

Da mesma forma que a pessoa que defende que brancos tenham mais direitos que negros e indígenas, que homens devem mandar e mulheres, obedecer, que ricos precisam ser mais protegidos do que pobres, que ciclistas são comunistas e devem ser combatidos, que mulher que aborta deve ir presa e que casamento homoafetivo deveria ser proibido está “exercendo simplesmente seu direito à liberdade de expressão”.

Por isso é tão importante os grupos que não detêm poder econômico, político ou midiático participarem ativamente dessa disputa simbólica e usarem os termos que estão à altura da agressão que sofrem: isso é machismo, racismo, homofobia, xenofobia, preconceito.

Violência, na verdade, é manter o silêncio diante de uma injustiça, mesmo que você não goste dos envolvidos. Pois isso afeta a forma como uma sociedade democrática trata todos os cidadãos, o que inclui você e eu. Lembrando que a própria Justiça é feita de interpretações vivas a partir da letra fria da lei.

Expressões e interpretações de significados têm o poder que juízes, políticos, empresários conferem a elas. Mas esse processo pode e deve ter a população como protagonista, exercendo o mesmo poder, chamando as coisas pelo que elas realmente são, construindo uma sociedade realmente democrática.

Como impeachment. Ou, simplesmente, golpe.

JORNALISTAS
NÃO SÃO
JORNALISTAS,
LEITORES
NÃO SÃO
LEITORES

Descontextualizar: uma forma de mentir usando a verdade

Considerando que há colegas jornalistas que preferem literalmente dar rasteira na realidade em vez de tentar compreendê-la, é natural que muita gente acredite que todo bicho peludo que aparece na mídia é fruto de má-fé.

Na verdade, há outros responsáveis pelas besteiras que aparecem aqui e ali, como a falta de tempo e de equipe – que levam à exaustão dos poucos que ainda restam nas redações, vitimizadas pelas frequentes demissões. Isso sem contar a desatenção, a preguiça, a incompetência ou o azar puro e simples. Sim, gostamos de uma sangrenta teoria da conspiração, mas a verdade é que merdas também acontecem.

Independentemente da razão, a descontextualização de uma frase ou de uma imagem é pecado que mereceria dez pais-nossos, daqueles que as nossas avós nos mandavam rezar ajoelhados no milho. Seja por distração, sensacionalismo ou "estrito cumprimento do dever", a descontextualização é quando o jornalista sapateia na cara de quem lhe deu uma entrevista, causando a ira da fonte e, não raro, a construção de uma narrativa diferente da intenção original.

Por exemplo, um trecho de entrevista como

"Discordo totalmente desse ponto de vista. A população indígena tem sido alvo de um lento extermínio nessa região do país. O número de mortos, vítimas de assassinatos por fazendeiros ou suicídios diante da impossibilidade de ter uma vida decente, se acumula, e a desnutrição decorrente da falta de condições para produzir alimentos ataca as crianças. Por isso, consigo até entender a raiva que esses indígenas sentem dos brancos."

Transforma-se em:

"Para o antropólogo X, índios têm raiva dos brancos."

Ou uma declaração dada desta forma

"O rapaz perdeu a família com 5 anos e cresceu na rua, não tendo nenhuma referência para discutir com ele valores e limites. Passou fome, passou sede, apanhou, foi violentado. Negaram a ele educação, saúde, abrigo. Foi vítima de abusos frequentes de policiais que o tratavam como bandido, mesmo não tendo roubado nada. Daí, criminosos que buscavam mão de obra para as suas atividades prometeram que nunca mais passaria fome nem apanharia se ele se juntasse ao bando. Quando esse jovem escolhe o crime, no fim das contas, é porque essa é a única opção que ele enxergou para alcançar a dignidade."

Vira facilmente:

"De acordo com o sociólogo Y, a opção pelo crime é a única forma de os jovens pobres terem dignidade."

Esse tipo de descontextualização tem sido bastante usado na guerra de informação na internet. Quando um grupo tenta desacreditar uma ideia ou uma matriz de interpretação do mundo, pinça uma frase ou uma imagem fora de seu contexto e a utiliza para seu argumento.

Como parte das pessoas não está preparada para atuar como leitores mais críticos, mas, pelo contrário, foi condicionada a agir como gado diante do discurso daqueles em quem ela confia, acaba acreditando em tudo. Mas não deveria.

Informar sem checar é como transar sem camisinha

Muita gente desistiu de checar informação, pura e simplesmente. Antes já tinham ojeriza ao trabalho de apuração, por preguiça, ignorância, incompetência ou o ritmo industrial de produção – quatro patas que sustentam o mau jornalismo (não considerei a má-fé como um dos elementos porque, aí, deixaria de ser jornalismo).

Mas, com o impulso conferido pelo poder de difusão das redes sociais, e com a entrada de novos atores em cena, parece que verificar a veracidade de determinada informação antes de compartilhá-la virou atentado violento ao pudor. Checar é coisa do capeta.

Um exemplo do que aconteceu comigo: uma fonte me passou uma informação interessantíssima. Minutos depois, mandou uma mensagem perguntando se eu não ia divulgá-la. Pedi um tempo e expliquei que estava verificando se a informação procedia. Ficou possessa com minha "desconfiança". Solicitei a ela que esperasse um pouco mais e expliquei que isso fazia parte da profissão, e não era uma questão pessoal. Não teve jeito, ficou amuada e passou para outra pessoa.

Não foi a primeira vez, nem será a última, não só comigo, mas com milhares de colegas. Com isso, já me salvei de burradas homéricas, mas também já perdi os famosos "furos": a publicação de informações exclusivas, que fazem os olhos de todo jornalista brilharem. Como não encaro minha profissão como roleta russa, prefiro o risco de perder o ineditismo a perder a cabeça – por mais que a quantidade de leitores interessados em notícias que corroborem sua visão de mundo e não a desafiem cresça a cada dia.

Em uma analogia grotesca, passar adiante informação não checada é equivalente a topar transar com uma pessoa desconhecida que se nega a usar preservativo. Você não é obrigado a isso, mas se aceitar por achar mais cômodo e gostoso ou por se considerar invencível, pode ter algumas dores de cabeça no dia seguinte.

Esse, que é um dos grandes dilemas do jornalismo – a checagem de informação, não o uso de preservativos –, vai ganhando contornos épicos, cômicos e dramáticos com a popularização dos meios de comunicação em redes sociais.

Como saber se uma informação está incorreta? Bem, às vezes você não tem como saber de antemão, por isso é importante checar sempre. Algo que pode ajudar é citar de onde veio uma informação e não transformá-la em boato, garantindo que o fuinha que a divulgou seja devidamente responsabilizado no caso de a notícia ser falsa. E se não puder citar, por proteção à integridade da fonte, é necessário checar tantas vezes quantas forem possíveis com fontes independentes.

Separar joio do trigo demanda também pessoas bem informadas e, mais do que isso, bem-formadas; pessoas que consigam olhar para algo e cravar um ponto de interrogação em vez de exclamação. Isso é algo que vem de acúmulo de experiência e de repertório, e não significa apenas banco de escola, faculdades ou cursos.

Quem confia cegamente em fontes governamentais ou de oposição, ou em uma pessoa porque é famosa ou sua amiga, costuma publicar contos de fada. Pessoas que não verificam se determinada história é verdadeira e, por caber em sua visão de mundo, a circulam loucamente como um telefone sem fio. E quando aparecem os desmentidos e correções reais, os ignoram.

Daí decorre uma máxima da profissão: todo mundo erra. E, como em qualquer profissão, no jornalismo não é diferente. Reconhecer o erro rapidamente é o que faz a diferença. O problema é que uma fofoca viraliza, mas a correção, não.

Se você é daqueles que não leem coisa alguma e dizem que não têm tempo, nem paciência para isso, e, além do mais, acham que senso crítico é uma besteira, mas adoram curtir, compartilhar e retuitar tudo o que passa pela frente, feito um chimpanzé com cãibra, por favor, dedique-se apenas à divulgação de vídeos de gatos vestidos de tubarão em aspiradores de pó, fotos de pugs em situações vexatórias e memes com lições de vida de alguém que passou por uma grande provação.

Mas abstenha-se de transmitir informação que pode causar dano a alguém.

Ou, em outras palavras, se não sabe brincar, nem quer aprender, não desce pro play.

Divulgue, depois apure. O erro agora é parte do processo jornalístico

É lógico que a adrenalina trazida pela possibilidade de divulgar uma notícia antes dos concorrentes vicia jornalistas. E é compreensível que veículos jornalísticos incentivem seus empregados a darem "furos". Isso confere prestígio junto ao grande público, aos formadores de opinião e aos anunciantes.

A instantaneidade trazida pela internet, contudo, aumentou a pressão sobre o jornalista, reduzindo o tempo que ele tem para apurar uma informação – tempo esse que muitas vezes acaba sendo insuficiente para garantir a qualidade da informação.

Se ele ou ela fizer o trabalho direitinho e checar tudo conforme manda o figurino, pode ser ultrapassado pelo concorrente que não checou e simplesmente replicou. Ou pelos leitores munidos de suas contas de Facebook, Twitter, Instagram e WhatsApp, que não têm a mesma preocupação com ética na circulação de notícias. Ou querem intencionalmente ver o circo pegar fogo.

No limite, pode ser criticado dentro da redação, cobrado pelo atraso e até dispensado por não se "encaixar" na empresa. A ponto de ser comum ouvirmos alguns chefes soltarem a frase: "Publique primeiro, corrija se estiver errado depois." Ou outra que está cada vez mais famosa: "Pega a informação da concorrência, dá um tapa e publica."

Aliás, quem lê o "erramos" além de repórteres, assessores de imprensa, professores e estudantes de jornalismo?

O jornalista tem uma única certeza: que vai errar e muito ao longo da profissão. Perceber que errou deveria incomodar, e não passar batido. Porque esse incômodo é transformador.

Em outras palavras, estamos internalizando a possibilidade de erro como parte do processo jornalístico. Não o erro como consequência de uma profissão que lida com a natureza humana, mas como etapa inevitável a ser cumprida diante da ausência de tempo. Ausência criada não pela tecnologia em si, mas pela maneira como nós a abraçamos sem contestação.

A máquina de moer gente no jornalismo – com redações enxutíssimas em decorrência da crise estrutural da profissão e as crises econômicas pelas quais o país vai passando periodicamente, competindo com sites sem a mesma preocupação com a veracidade dos fatos e chefes impelidos a só enxergar *pageviews* em vez de ponderar a qualidade final do trabalho e sua relevância social – está girando mais rápido do que nunca.

No meio do caminho, a versão mais correta dos fatos é atropelada e morre. Não por um caminhão, mas por toda a frota de uma vez. E é enterrada como indigente, porque ninguém reivindica seu corpo.

Por fim, respire: o pobre jornalista pode não ter culpa de nada

Respeito pesquisadores e professores que se negam a dar entrevistas para veículos de comunicação por estarem em desacordo com seu posicionamento político ou ideológico ou por qualquer razão ética ou estética, alguns dos quais são grandes profissionais. Exercem seu direito pessoal a não dar opinião. Esta discussão, contudo, não é sobre o que eles deveriam ou não fazer, mas sobre jornalismo.

Fico incomodado com o fato de reproduções de diálogos entre jornalistas e pesquisadores circularem pelas redes sociais, mostrando razões de negativas a dar entrevistas, postadas por quem recebeu e declinou do pedido. Não vou individualizar porque já recebi meia dúzia de casos semelhantes. Essas reproduções recebem, além disso, comentários violentos por parte de leitores.

Antes de mais nada, creio que a circulação desse material com os nomes dos profissionais de imprensa envolvidos os expõe de forma desnecessária. Muitas vezes as agendas de telefones de especialistas nas redações trazem poucos nomes para cada tema, que são chamados repetidas vezes e se tornam figurinhas carimbadas. Aliás, muitos aparecem sempre porque estão sempre disponíveis. Isso não é necessariamente fruto de manipulação, mas de um ambiente de "jornalismo linha de montagem", com poucos profissionais disponíveis (ainda mais após tantas demissões em massa), no qual mal há tempo para respirar. OK, isso em si é fruto do próprio sistema – mas, por Deus, o que não é?

Quando um colega consegue vencer a inércia e a falta de tempo, refletir, pesquisar e chamar alguém com pensamento diferente do feijão com arroz de sempre, está fazendo um belo gol e trazendo uma lufada de ar novo. Adoramos dizer que sem bom jornalismo, profissional ou não, não se mantém uma democracia. Só que a base do jornalismo é a reportagem, e não o colunismo. E quando negamos a um jornalismo um posicionamento que sabemos ser diferente do *status quo*, estamos impedindo que essa democracia se efetive.

E, na verdade, o prejudicado pela ausência de uma posição diferente não é a mídia, que pode recorrer às suas fontes de sempre, mas exatamente a pluralidade. Como jornalista, mas também como pesquisador sobre escravidão contemporânea, me vejo dos dois lados do balcão. E, respeitando o posicionamento de outros colegas pesquisadores, continuo concedendo entrevistas e passando dados para qualquer veículo que demandar. Pois sei, estrategicamente, o impacto causado pela repercussão das informações que divulgo e da minha responsabilidade em divulgá-las.

A expressão mais frequente que ouço dos colegas jornalistas diante da situação recente da nossa profissão é o "sentimento de impotência". Impotência frente às incertezas de nossa própria condição e das mudanças estruturais trazidas pela internet, que não são monopólio do jornalismo, claro, mas que em nosso caso questionam a própria natureza da atividade. Lembrando que o jornalismo moderno tem uma relação carnal com o modelo de democracia representativa que, por sua vez, também vive uma crise.

Talvez por saber que não há o que ser feito, uma vez que todos conhecem a situação financeira dos veículos de comunicação, grandes e pequenos; talvez pelo medo de também perder o emprego; talvez pela lenta e contínua acomodação ou degradação da profissão; talvez porque o prazo do fechamento não deixa; talvez por ser xingado de "petralha" ou "coxinha", dependendo da matéria da vez; talvez porque o cansaço ao final do dia seja mais forte; talvez por algo maior que isso – ou por nada disso. O fato é que ser jornalista não está fácil.

Sabemos que muitos de nós não se reconhecem como classe trabalhadora. Devido às peculiaridades da profissão, desenvolvemos laços com o poder e convivemos em seus espaços sociais e culturais, seduzidos por ele ou enganados por nós mesmos. Só percebemos que essa situação não é real e que também somos operários, transformando fato em notícia, quando nossos serviços não são mais possíveis de serem remunerados em determinado lugar.

Mas a sociedade também não reconhece o jornalista como trabalhador, que não tem, necessariamente, culpa pelas decisões dos donos da empresa. Achar que esse jornalista pode se unir a outros repórteres e que, juntos, eles podem fazer uma "revolução" é desconhecer como funciona uma redação, uma empresa jornalística e a própria conjuntura.

Infelizmente, para uma parte da sociedade, nós, jornalistas, somos todos soldados em uma guerra que vem sendo travada entre a direita e a esquerda, entre diferentes partidos políticos, entre oposição e governo. Há, é claro, colegas que se vestem com fardas vermelhas ou pretas, armam-se até os dentes, ignoram os preceitos básicos da profissão e se consideram em uma batalha entre o bem e o mal. Mas a maior parte, na minha opinião, apesar de ter posicionamento, tenta realizar seu trabalho da melhor forma possível, ouvindo de forma correta diferentes pontos de vista, trazendo ao público uma versão mais próxima possível do que convencionamos chamar de realidade. Porque acredita que essa é a melhor maneira de contribuir para o país.

Ao negar uma entrevista com uma análise que, sabemos, será diferente da convencional, acabamos por bloquear uma das melhores formas de ação do jornalista, que é a sua "guerrilha" particular do dia a dia, que tem uma vitória ao ver uma pauta diferente autorizada, ao colocar fontes mais plurais para dar nova cara a um assunto velho, ao mudar o mau jornalismo por meio do bom jornalismo.

Há quem não acredite na possibilidade de ser feliz em uma grande redação e mude para um veículo alternativo ou crie seu próprio. Mas há quem considere que é possível fazer um bom trabalho em mídia tradicional. Há bons e maus profissionais em todos os lugares, assim como há boas e más empresas em todos os lugares.

Vivemos um período violento de intensa polarização. Mas ele vai passar. E, desde já, precisamos garantir que pontes sejam construídas ou mantidas entre os diferentes atores sociais para que a sociedade não se aprofunde em uma divisão que, acredite, não terá vencedores.

Os boatos e sua incrível capacidade de afastar as pessoas da realidade

Duas versões de um mesmo acontecimento são confrontadas. A primeira está fundamentada em fontes com diferentes pontos de vista, dados de instituições confiáveis, informações investigadas e checadas em longa apuração. Passa no crivo da lógica, mas é chata pra diabo.

A segunda baseia-se em uma teoria mirabolante, conspiratória e deliciosa, que coloca outra pessoa, ou político, empresa ou governo em maus lençóis. Não faz sentido algum, mas ajuda a reafirmar a sua visão de mundo.

Em qual você prefere acreditar?

A maioria responde "a primeira" quando observada pelo coletivo e "a segunda" no silêncio do anonimato – o lugar quentinho em que nos refugiamos da razão, aquela castradora maldita.

E quando alguém traz dados para mostrar que a "segunda" não se confirma, é prontamente convidado a se retirar ou a calar-se. Isso acontece o tempo todo.

Discuti esse tema várias vezes para tentar entender o porquê de uma acusação falsa ir muito mais longe do que a retratação da imprensa pelo erro cometido. É o que tem acontecido com boatos de WhatsApp, tuítes e postagens que alertam para golpes de direita ou de esquerda prestes a acontecer.

Sugestão: se você preza sua sanidade mental, refugie-se no alto do seu ceticismo. Agora e sempre. Não forme opinião apenas pelo que dizem sites de internet, veículos de imprensa e, principalmente, políticos. Desconfie de seus amigos, chefes, colegas, vizinhos, governos. Ponha em xeque os ensinamentos de sua família, do seu professor, de seu guru espiritual ou daqueles que dizem falar em nome do seu deus. Duvide deste jornalista cabeçudo (mas que te ama).

Esteja aberto a pontos de vista diferentes dos seus, sem necessariamente comprar as ideias neles presentes. Absorva o máximo de informação possível, de fontes com visões diferentes das coisas.

Depois, com calma, converse, verifique, reflita, analise. Pense. Não deixe que pensem por você.

O mundo ficará muito mais sem graça. Mas a vida não

é um conto de fadas. Conforme-se com isso e pare de fugir, criando bandidos e mocinhos, heróis e vilões, onde eles não existem.

Por que as pessoas não têm vergonha de falar besteira em um debate no bar?

Leio reclamações diárias de pessoas desesperadas diante de comportamentos de desprezo pela busca por informação de qualidade, mas também por qualquer informação que demande alguma energia para sua obtenção, verificação ou consumo. Ou seja, o que não vier por osmose não entra.

Muitas pessoas se informam mal e porcamente sobre um problema grave na sua cidade, estado ou país porque acham que não precisam se informar por inteiro para poder seguir sua vida em frente ou se relacionar em sociedade. Afinal de contas, qualquer conhecimento superficial é suficiente para sua vida atual.

Se o debate público fosse mais qualificado, a pessoa se sentiria motivada a ler mais, até para não ser humilhada coletivamente nas redes e aplicativos ao expor argumentos ruins, preconceituosos e superficiais. Ou para responder groselha em uma cantada na balada.

Mas como garantir isso se muitas das referências intelectuais, independentemente do posicionamento ideológico, se esforçam para tornar o debate raso?

O discurso violento e opressor – mais palatável e que mexe com nossos sentimentos mais primitivos e simples – ecoa e repercute. Esse discurso basta em si mesmo. Não precisa de nada mais do que si próprio para ser ouvido, entendido e absorvido.

Lembrando que "qualificação" não significa elitização, muito pelo contrário. Não é algo chato, hipercodificado, barroco ou acadêmico, e sim algo que ajuda o leitor a perceber a complexidade do mundo em que vive e o auxilie na construção do sentido das coisas.

Precisamos, por um lado, repensar o ensino para melhorar o debate público. Enquanto isso, quem ajuda a mediar esse debate precisa ajudar a subir seu nível da melhor maneira possível, na forma e no conteúdo.

Somos nós que semeamos muito do que, posteriormente, será colhido, consumido e usado – seja na discussão sobre o futuro do país, seja em uma conversa despretensiosa em um bar.

De quem é a culpa se um texto não é lido até o final?

Atenção para a saudável conversa que tive com um leitor:

– Cara, você é um babaca, um otário. Deixou de falar do assunto X de propósito naquele post.

– Opa, queridão, prazer. Claro que falei. E bastante. Tá no final.

– E eu lá vou ler aquela idiotice até o final? Texto longo é pra quem não tem argumento forte. (Observação: o texto tinha seis parágrafos.)

– Concordo. Seguindo a lógica, a gente podia resumir a bíblia assim: "Um cara cria as pessoas. Daí as pessoas ignoram as regras e se matam, trepam, traem, roubam, matam mais um pouco. Então, o cara manda o filho para botar ordem na bagunça e matam ele também. Mas ele ressuscita e promete voltar pra passar a fatura."

A culpa é da internet, diria você. Criou-se uma "geração perdida", forjada em espaços de 140 caracteres, memes e vídeos de gatinhos, uma geração que não lê, mas apenas vê figuras.

Então me explica o fato de J. K. Rowling, Stephenie Meyer, E. L. James e Dan Brown venderem milhões de livros todos os anos, muitos deles catataus com centenas de páginas, devorados quase que instantaneamente pela molecada?

Não é que as pessoas não gostem de ler. Aliás, nunca se leu tanto na história. As pessoas não gostam de ler certas coisas.

Quem quer dialogar com um público mais jovem precisa tomar algumas atitudes; incorporar a linguagem e as ferramentas de novas tecnologias na construção das narrativas; conversar usando elementos simbólicos da geração ou do grupo com o qual se quer trabalhar; rediscutir a temática pensando no interesse do aluno ou leitor, mas sem deixar de lado o que você considera importante; entregar um produto bom e interessante, preparado e pensado, seja uma aula ou um artigo. É fundamental descomplicar o discurso.

E, mesmo assim, talvez você não seja lido. Qual, afinal, a motivação para ler um texto até o final?

Arrisco dizer que as pessoas se interessam por ler aquilo que consideram importante para sua vida imediata. E hoje em dia, uma dessas necessidades imediatas é fazer comentários pseudointeligentes no Facebook, dar um pitaco sobre política na roda do bar, ter alguma opinião sobre tudo. Esse é o ponto. Não tem sido necessário ler muito para fazer uma "moralzinha", como diriam Hermes e Renato. Se, ao contrário, o debate tivesse mais qualidade, haveria motivação pela busca de um conhecimento mais aprofundado.

O problema é que não se qualifica o debate apenas por meio de ações individuais. Você precisa de uma ação em escala, o que teríamos por meio do Estado – que é o espaço que regula a concepção de educação e os parâmetros educacionais. Acontece que entre proposição, aprovação e implementação de políticas públicas de educação, décadas se passam.

Qual a motivação para um jovem se engajar no aprendizado hoje, principalmente em uma escola com poucos recursos, professores desmotivados e pouco valorizados e um currículo questionável?

Ficamos preocupados com taxas de evasão escolar de 20%, dizendo que tudo está desmoronando. Sim, é um dado preocupante. Mas não vemos o outro lado: a imensa maioria milagrosamente permanece, mesmo não vendo sentido nenhum naquela formação. Como diz o sociólogo Bernard Charlot, esses jovens não têm ideia do que está acontecendo, mas estabelecem uma relação mágica com o saber, esperando que algum dia ele faça sentido para sua vida.

E ninguém está dizendo que é preciso atender a todos os desejos dos alunos. Sabemos que o processo de construção do saber é algo doloroso porque ele, não raro, destrói visões preconcebidas do mundo para, depois, ajudar a construir outras, mais sólidas. Cabe a nós que ajudamos a mediar o debate público qualificá-lo o melhor possível. Se plantarmos ervas daninhas, ervas daninhas serão colhidas e consumidas.

Infelizmente, mesmo que alguns qualifiquem o debate, outros vão optar pela saída mais rasa e atraente, nivelando por baixo. Ou seja, é uma batalha de longo prazo que será muito difícil vencer. Mas se 80% dos alunos seguem acreditando e não desistem, apesar de uma educação que não faz sentido para eles, que direito temos nós de desistir de tentar?

Quando montanhas de livros forem queimadas nas ruas, você sentirá remorso?

Antes, se alguém me mostrasse uma imagem de pessoas enlouquecidas em torno de montanhas de livros em chamas, eu me lembraria do filme *Fahrenheit 451*, de François Truffaut (1966), baseado na obra de Ray Bradbury. Nele, livros são proibidos, sob o argumento de que tornam as pessoas infelizes e improdutivas. Quem lê é preso e "reeducado". Se uma casa tem livros, "bombeiros" são chamados para queimar tudo.

Hoje, se me mostrassem uma imagem assim, logo me perguntaria: onde desta vez? Algum grupo fundamentalista islâmico, cristão ou judeu? Interior dos Estados Unidos? Neonazistas europeus? África? Coreia do Norte? China? São Paulo, Rio ou uma grande cidade brasileira?

Há mensagens circulando no Brasil de hoje sugerindo que joguemos fora os livros "comunistas" de nossos pais.

É uma convocação que me lembra, por exemplo, do dia 10 de maio de 1933, quando montanhas de livros foram organizadas nas praças de diversas cidades da Alemanha. O regime nazista queria fazer uma limpeza da literatura e de todos os escritos que se desviassem dos padrões impostos. Centenas de milhares queimaram até as cinzas.

Albert Einstein, Sigmund Freud, entre outros, foram perseguidos por ousarem pensar de maneira diferente da maioria. A Alemanha "purificou pelo fogo" as ideias imundas deles, da mesma forma que, durante a Contrarreforma, a Santa Inquisição purificou com fogo a carne, o sangue e os ossos daqueles que ousaram discordar.

Passamos tanto tempo nos preocupando em garantir que os mais jovens decorassem datas de "descobrimentos" e locais de batalhas que não fomentamos o pensamento crítico. Muito menos mostramos a eles por que é tão fundamental aprender história. E que história não se absorve apenas por meio de uma única fonte de informação, mas de várias, e que ela mesma vai mudando à medida que temos mais elementos para reafirmar ou contrapor as antigas certezas. E, de preferência, fontes que tenham passado pelo crivo de discussões acadêmicas e sociais.

Para o sociólogo Bernard Charlot, um saber só tem valor e sentido por conta da relação que ele produz com o mundo. Não é o livro que tem valor em si, mas o que a pessoa fará dele. Ou seja, muitos leem mal e porcamente um livro de história porque acham que não precisam dele para poder seguir sua vida. Novamente, lá vem o japonês dizer que se o debate público fosse mais qualificado, a pessoa se sentiria mais motivada a se informar bem para usar bons argumentos.

Um jovem leitor (ou um perfil *fake* com a foto de um jovem leitor) postou "livros mentem, informe-se em sites". Como se a credibilidade de um conteúdo se desse pelo veículo que o transporta, e não pelas evidências que ele apresenta.

Outro escreveu: "Não confio na história pois a história é contada de forma parcial pelos esquerdistas (...) Lembre-se que a história de que comunista come criancinha é porque Lênin tomou as colheitas dos camponeses e eles passavam tanta fome que comiam suas crianças. É isso que você quer para o Brasil?"

Não, meu amigo. Primeiro, porque a história é, na maioria das vezes, contada pelo vencedor. Particularmente quero que o Brasil estude história e leia, leia muito. Leia aquilo com que concorda e também aquilo com que não concorda, mas que leia fontes de informação que não sejam anônimas e que baseiem seus relatos em provas, e não em suposições ou teorias da conspiração, que são gostosas, mas burras. Caso contrário, os ETs de Roswell e de Varginha virão puxar seu pé à noite.

Por fim, como já disse, eu tenho recebido mensagens com o mesmo teor de *Fahrenheit 451*. Um exemplo: você não perde por esperar, você não vai ter mais lugar para escrever, não vai poder mais fazer a cabeça de ninguém – e, de novo, "vamos apagar tudo o que você já escreveu".

Então tá. Enquanto isso, só nos restam duas coisas: lutar contra a ignorância e fazer um bom backup.

FALTA
AMOR
NO MUNDO

Irritado com comentários? Conheça a opinião de quem os lê como profissão

Se você fica irritado ao ler alguns comentários preconceituosos ou que incitam a violência em sites e redes sociais, imagine o dia a dia de quem faz isso como trabalho. A equipe coordenada por Débora é responsável por fazer a moderação de comentários postados em notícias, blogs e fóruns para grandes empresas de comunicação. Apesar de não sofrerem ameaças, moderadores também são alvos de constantes xingamentos por conta da seleção de comentários. Por isso, seu nome verdadeiro e o da empresa da entrevistada não foram divulgados.

Em quatro anos, eles leram milhões de comentários para garantir um serviço que funciona em tempo real, 24 horas por dia, sete dias por semana. Adotam critérios de acordo com o cliente, com regras de uso que podem incluir a exclusão de mensagens que promovem a homofobia, a xenofobia, incitam a violência e por aí vai. Segundo ela, nenhuma opinião é cerceada desde que não entre nessas categorias.

Ela acha que estão aparecendo mais comentários violentos, mas a participação das pessoas está maior também. E que as piores disputas não estão na política, e sim no futebol.

Um profissional como esse deve praticar um exercício diário de bom humor e desapego.

Segue a entrevista concedida a mim por Débora

Há diferenças entre comentaristas de esportes, política, cultura e lazer?

Sim. O usuário que posta na área de entretenimento, por exemplo, é predominantemente mulher. Já em esportes, a maioria é de homens. E mesmo dentro dos temas há grupos. Por exemplo, em esportes, se dividem por times, torcidas. Existe uma grande rivalidade entre torcedores. Em entretenimento, pegando um tema atual como o Big Brother, há briga entre torcedores de "brothers". Isso também acontece em economia e política, mas aí os grupos são organizados por partidos.

E, baseando-se nos comentários, como está a percepção sobre a política nacional?

As pessoas estão muito descontentes. Não tem ninguém satisfeito. Há até grupos que tentam, por meio da área de comentários, organizar revoltas. Mas quando surge um planejamento para executar uma ação, a gente tem que barrar. Se alguém diz: "Uma revolução seria a solução para o país", tudo bem. Mas quando ela começa a se organizar com outras pessoas, temos que vetar.

Como assim? Já houve leitores tentando se organizar para fazer um golpe?

Sim, já teve isso.

Na sua opinião, desde que você começou a trabalhar com moderação, os comentários estão ficando mais violentos?

Aparecem mais comentários violentos. Estão querendo

fazer muita justiça com as próprias mãos. Por exemplo, nos casos dos jovens amarrados em postes, as pessoas estão assustadoras, acham isso normal. Consideram a solução para os problemas. Mas, de maneira geral, o que ocorre é que as pessoas têm participado mais, ou seja, o número de comentários aumentou. O perfil do usuário não mudou, só a quantidade.

A proporção de comentários excluídos por ferirem as regras de publicação aumentou em relação aos publicados?

Acho que continua a mesma proporção. Em futebol, temos um número maior de comentários excluídos porque as ofensas entre torcedores de futebol são muito maiores. Também não publicamos quando um usuário ofende o outro por erro de ortografia.

Qual tipo de texto mais atrai comentários violentos?

Textos sobre mortes de homossexuais e atos de "justiça" com as próprias mãos. As pessoas aprovam isso. E quando a polícia bate em alguém, dizem que "bandido bom é bandido morto". Acham o máximo. É muito normal para muita gente sair matando as pessoas. Acreditam que é o povo que tem que fazer justiça.

E qual é o tipo de comentário que mais te choca?

"Gay tem que morrer." Ainda hoje, depois de tantos comentários, quando lemos que um gay merece morrer ou apanhar, é chocante.

A maior parte dos comentaristas coloca nome e sobrenome ou usa apelido?

A maioria usa apelido. Quando se identifica, a pessoa segura um pouco. Estou dando minha cara a tapa, respondendo com meu nome… Nesses casos, os comentários são mais tranquilos.

De tanto ler comentários assim, você mudou a forma como vê o mundo? Isso mexe com você?

Alguns comentários entristecem, a gente fica pensando como alguém pode achar isso. O caso do menino amarrado no poste é um exemplo. A maioria das pessoas achando aquilo normal, sem nem querer conhecer a história. Eu pensava: "Nossa, como os valores estão invertidos."

É engraçado que quando aparece um comentário legal, repassamos entre nós da equipe: "Olha que comentário show de bola." No meio disso tudo, há os que se salvam.

A dancinha dos intolerantes

"Como você tem estômago?" De 2006 a 2015, recebi por e-mail com carinhosa frequência essa pergunta, enviada por leitores horrorizados com o nível dos comentários publicados no meu blog. Expliquei a eles que esses nem são os piores. Que além deles havia os que cometiam crime de ódio, sugerindo que determinada classe social deveria ser banida ou propondo o extermínio de grupos já excluídos socialmente. Estes eram limados antes que causassem danos, mas eram horríveis de se ver.

A internet não é conservadora ou progressista em si. Já no meu humilde blog, boa parte dos comentários era, sim, extremamente conservadora. Parece que a temática dos "direitos humanos" funciona como uma espécie de ímã, atraindo todo tipo de lugares-comuns, ódios e demais faltas de entendimento.

Fiz uma pequena lista de comentários intolerantes. Daqui a alguns anos, relações assim vão ser usadas por historiadores para entender que povo estranho era esse, tão amável, mas também tão intolerante e preconceituoso para com o seu semelhante.

Comentário do(a) leitor(a)

- "Bandido bom é bandido morto."

Minha observação: Para começo de conversa, diga-me com quem andas que te direi quem és. Afinal de contas, matar é a solução, porque pau que nasce torto não tem jeito, morre torto. E, na periferia, filho de peixe peixinho é. Revidar é nosso direito, pois quem com ferro fere com ferro será ferido. Ou eles ou nós, pois o pior cego é aquele que não quer ver! É tão fácil repetir ideias feitas sem pensar, né?

Comentário do(a) leitor(a)

- "Você pensa assim porque um desses pulhas malditos ainda não estuprou sua mãe. Seja mais corajoso, pare de ficar escrevendo só o politicamente correto."

Minha observação: Antes de mais nada, note o detalhe do "ainda". Minha mãe agradece imensamente ao leitor o destino que ele, carinhosamente, preparou a ela. Fácil é escrever o que o senso comum deglute com facilidade e que está guardado em nossos instintos mais animais. Difícil é redigir algo com a certeza absoluta de que apenas uma minoria vai ler o texto até o final e, daí, refletir. Em um assunto polêmico, boa parte das pessoas passa o olho de forma transversal, capta algumas palavras como "direitos humanos", "traficantes", "Estado" ou "Palmeiras", "futebol", "campeão", e, sem nenhuma intenção de expor ideias ou debater, pinça um capítulo de sua CPA (Cartilha Pessoal de Abobrinhas) e posta como comentário. É a vitória da experiência individual sobre a necessidade coletiva, da emoção do momento sobre a racionalização necessária para que não nos devoremos a cada instante.

Comentário do(a) leitor(a)

- "Por mim, aqueles duzentos traficantes fugindo pelo morro deveriam ter sido todos metralhados em frente às câmeras..."

Minha observação: E depois, redimidos por todo o sangue na TV, eu e meus filhos sairíamos para comer uma bela macarronada ao sugo – pasta regada a um saboroso suco de uva. Suco não, que é coisa de pobre. De um bom vinho... Lembram daquela série de TV, *Justiça Final*, que contava a história do juiz Nicolas Marshall, que julgava e executava os bandidos no ato, sem tergiversar, nem fazer trololó? Pois bem, ela fez muito mal a uma geração inteira. Tem gente com dificuldades cognitivas graves e que não consegue entender, nem a pau, que o Estado tem que fazer justiça, e não vingança. Ninguém está sugerindo que o Estado deve entregar o monopólio da violência. Se tiver que matar, infelizmente, ele irá matar. Mas por necessidade, não por prazer; em combate, não de forma preventiva; seguindo a lei, e não por capricho personalista.

Comentário do(a) leitor(a)

• "Por que o país não acaba com essa merda de direitos humanos?"

Minha observação: Fazem parte dos direitos humanos seu direito de ir à igreja e professar uma fé, de se organizar em um partido ou uma associação, de votar e ser votado, de não ser molestado por ter uma cor de pele específica ou orientação sexual diferente, de poder ir livremente de casa para o trabalho sem o risco de ser abordado e preso sem justificativa, de ter igual direito, sendo homem ou mulher, de ter uma opinião diferente e não ser incomodado por isso (desde que essa opinião não machuque os demais), de ter um emprego decente, de não ser torturado gratuitamente, de ter acesso a um julgamento justo e não ser condenado sumariamente. Querem acabar mesmo com "essa merda de direitos humanos"? Tudo bem, mas me avisem antes, porque não quero ser o último a apagar a luz.

Comentário do(a) leitor(a)

• "Você fica criticando os casos em que os homens batem nas mulheres. Mas, pelas leis de Deus, há direitos dentro da relação e ninguém pode se intrometer nisso. Você não sabe o que levou o homem a determinado ato, então não se intrometa."

Minha observação: Aleluia, irmão! Nem sei por onde começo... Bem, talvez pelo mais óbvio: se você não é casado, faça-nos um favor, não se case. Melhor ainda, nem chegue perto de uma mulher – nem de sua mãe. Pelo menos não antes de resolver alguma coisa que tem que ser resolvida aí dentro. Além disso, não há absolutamente nada que justifique violência física ou terror psicológico em uma relação. Pelo contrário, é dever de qualquer pessoa em sã consciência se intrometer, como também é tarefa do próprio Estado garantir a integridade da pessoa.

"Leis de Deus"? Há interpretações machistas dos textos das três grandes religiões monoteístas (cristianismo, islamismo e judaísmo) sistematicamente sendo usadas para escravizar as mulheres em suas relações. E uma luta grande das mulheres para dar outra visão – de católicas pelo direito de decidir a muçulmanas que releem o Corão para mostrar que não são pessoas de segunda classe.

Comentário do(a) leitor(a)

• "[O casal de homossexuais agredidos com uma lâmpada na avenida Paulista em 2010] Deveria ter apanhado mais."

Minha observação: Esse comentário aí em cima nem foi publicado. Denunciei o autor direto aos órgãos competentes. Posts sobre direitos dos homossexuais são os que mais dão dor de cabeça, pois tenho que ficar de olho aberto. O pessoal apela a um nível inimaginável, utilizando mais palavrões do que demais palavras em uma única frase. Outra coisa fascinante: heterossexuais não podem defender direitos de homossexuais. Na cabeça desse povo, as coisas só fazem sentido se forem bem maniqueístas, bem preto no branco. Então, se você escreve criticando os jovens delinquentes que desferiram golpes de lâmpada fluorescente contra os rapazes na Paulista, você tem que ser gay. Daí vem uma segunda constatação: para as mesmas pessoas, "gay" é xingamento obsceno. Enfim, se esse pessoal lelé da cuca gastasse a mesma energia com a qual discute o direito de duas pessoas do mesmo sexo terem os mesmos direitos de duas pessoas de sexos distintos, já teríamos a cura do câncer.

O que mais me constrange nesse comentário é que não basta os jovens terem apanhado, o comentarista queria que eles apanhassem mais, sofressem mais, feito uma onda sádica de punição, um açoite virtual. Uma vez que ele não pode chicotear esses malditos sodomitas em praça pública e, graças aos céus, a internet garante a covardia do anonimato, ele desfere um golpe digital, como se dissesse "foi pouco". Torcida por sangue? Por morte? Talvez. Ouvi dia desses uma pessoa dizer que, se pudesse, espancaria os homossexuais. Por quê? Nojo. Poderíamos discutir aqui durante dias os motivos que levam alguém a um quadro de patologia social como esse (de querer o mal do seu semelhante mesmo sem o conhecer). Prefiro apenas acreditar que há cura para a homofobia. Tem que haver.

Vamos começar a amarrar pessoas em postes para linchamento por ideias?

Quando uma turba idiotizada resolve fazer justiça com os próprios cascos (com todo o respeito a cavalos e burros, que não têm culpa alguma na história) e parte para o linchamento de uma pessoa acusada de cometer um crime, usa – não raro – o discurso de que as instituições públicas não conseguem dar respostas satisfatórias para punir ou prevenir.

Afirmam, dessa forma, que estão resolvendo – como policial, promotor, juiz, júri e carrasco – o que o poder público não foi capaz de resolver, baseado em um entendimento do que é certo, do que é errado e do que é inaceitável. Mesmo que, ao final do dia, isso os transforme em criminosos mais vis do que alguém que comete um furto, por exemplo, uma vez que a vida vale mais que a propriedade e não existe pena de morte no Brasil. Em tese, claro.

Portanto, é interessante que grupos idiotizados estejam despontando, aqui e ali, resolvendo fazer justiça, partindo para o linchamento de pessoas acusadas não de estuprar, roubar ou matar, mas de ter uma ideia.

Em outras palavras, ter uma ideia e demonstrá-la publicamente é, para algumas pessoas, motivo de linchamento físico. Mesmo que essa ideia não signifique incitar a violência contra outros brasileiros.

Preocupa ouvir e ler relatos de pessoas que são obrigadas a tirar camisetas vermelhas com imagens de Che (ainda mais ele, que já havia sido fagocitado, alienado e entregue ao consumo pop) e bonés de movimentos sociais ou largar livros de Marx, sob o risco de apanhar de grupos enfurecidos. Ao longo de 2016, pessoas apanharam na avenida Paulista por vestirem camiseta vermelha, sem nenhum símbolo.

Parte de ações antes restritas ao ambiente digital vai ganhando escolas, locais de trabalho e ruas, fomentada por lideranças e pela ausência de uma cultura democrática, de respeito, de debate, de tolerância e de noção de limites.

Da mesma forma, é um absurdo que colegas jornalistas apanhem nas ruas por fazerem coberturas para determinados veículos – sejam eles da grande imprensa ou da independente, progressistas ou conservadores. Pois a ignorância e a incapacidade de diálogo não são monopólio de ninguém.

Não podemos esquecer que já linchamos sistematicamente pessoas cujo crime do qual são acusadas é o de criar rupturas em uma suposta harmonia da sociedade ao tentarem ser simplesmente quem são. O receio constante de apanhar ou ser maltratado não é novidade para muitos gays, lésbicas, transexuais, travestis, negros (principalmente jovens), indígenas, mulheres.

Mas estou indo um pouco além na provocação: seguindo essa toada, quando começaremos a amarrar pessoas em postes para linchamentos ideológicos?

Uma ideia não morre simplesmente. Queimada na fogueira ou agredida em praça pública, ela se multiplica. Mas, se levada ao diálogo, com argumentos, tolerância e bom-senso, pode ser transformada e, quiçá, aplicada. E, com isso, transformar, para melhor, a vida de todos os envolvidos.

A bomba-relógio do ódio

Faltava apenas uma faísca.

Por certo, os moradores mais ricos da cidade tinham motivo para reclamar. Ninguém quer ir à praia, com sua família e amigos, para correr o risco de ser assaltado, apanhar ou coisa pior. Sentiam que o Estado, fazendo pouco para combater a impunidade, dava de ombros não só para a sua segurança, como também para a estabilidade das coisas.

Então o que era medo começou a se transformar em algo maior, mais viscoso e malcheiroso nas conversas de bar, nos jantares de família, nas redes sociais. "Precisamos fazer algo"; "Como está não pode ficar"; "Cidadãos de bem não podem sofrer assim"; "São eles ou nós".

São eles ou nós.

E, naquele domingo, o WhatsApp foi usado não para

convocar uma partida de vôlei na praia, mas para caçar aqueles que eram, pelo modo de ver de alguns, a origem de toda a violência. Se a polícia não faz nada, então eles, justiceiros, iriam fazer. Em bando, tal como aqueles que promovem arrastões, eles atacaram ônibus com pessoas que consideravam suspeitas, espancaram jovens, construíram um novo conceito de justiça para preencher o vazio. Ao final, comemoraram no Facebook.

E, sentindo-se dotados de poder, prometeram mais.

Para resolver o problema posto, o Estado fez o que está acostumado a fazer. Em vez de incluir mais gente no pacote de dignidade, resolveu apartar ainda mais, passando a parar os ônibus que faziam o trajeto entre a periferia e a praia. Verificavam sacolas e antecedentes, não raro com a rispidez de algumas certezas não explicitadas – mas que todos sabem quais são. Em alguns casos, até proibiram jovens de descer da comunidade. O rancor foi decantando, vagarosamente, lá no fundo.

Pois a periferia é resistente. Desde a senzala, aprendeu a aguentar mais tempo de chicotada. Até porque, na maioria das vezes, quem reclama perde o emprego, é humilhado, taxado de subversivo ou morre.

Com o tempo, o caldo de ressentimento entornou, tornando-se mais escuro e indecifrável. Na porta dos bares, na saída das igrejas, nas redes sociais, questionava-se: "Por que tratam a gente como bandidos?"; "Se o cara roubou, por que não levam ele preso? Pra que tentar matar?"; "Lá eles têm vida de qualidade. Quem é daqui tem que ser tratado como bicho?".

Até que, num domingo, dois jovens negros, fazendo algazarra em uma esquina bonita após terem deixado a praia, estavam tão distraídos que nem perceberam quando um grupo se aproximou com tacos de baseball. Um deles ainda teve tempo de correr e, de soslaio, viu o amigo ser espancado no chão.

No depoimento à polícia antes de serem liberados pela ausência de flagrante, os envolvidos teriam dito que confundiram o rapaz inocente com outro que participara de um arrastão naquela tarde.

Só não revelaram que, durante o linchamento, ocorreu algo estranho. Deixaram de enxergar nele um menino de 14 anos. Viam em seu rosto a correria dos que fazem assaltos na areia e o medo de ser incomodado ao sair à noite. Mas também a crise econômica que fez com que trocassem os filhos de escola, toda aquela corrupção com o dinheiro dos seus impostos que passa na TV e uma série de frustrações do dia a dia – da namorada que o acha um inútil, passando pelo emprego bizarro ao time de futebol que estava para cair de divisão. Um dos agressores viu até o rosto da ingrata Maria, que era "quase da família", mas, de repente, resolveu ir embora para trabalhar em algo que pagasse melhor. A verdade é que, em determinado momento, não sabiam mais por que estavam batendo, mas todo aquele ódio irracional fazia mais sentido do que o mundo que nunca conseguiram, de fato, compreender.

Aquela imagem do pouco que restou do menino correu as mesmas redes sociais que haviam sido usadas para organizar a caça naquela tarde, registrada por um curioso que passava por lá – sempre há um celular com câmera por perto. Ganhou o mundo com a mesma rapidez que a de um garoto refugiado que morre em uma praia.

Principalmente, ganhou a periferia. E, por lá, estalou algo que nunca havia estalado antes. Não daquele jeito.

Faltava apenas uma faísca.

E, no dia seguinte, não houve trânsito, não houve criança na escola, não houve praia, não houve loja aberta ou banco funcionando, não houve engravatado ou engraxate, não houve empregada doméstica ou motorista, não houve transporte público ou avião decolando, não houve polícia, não houve governo, não houve segunda-feira.

E ninguém sabe se ainda haveria Olimpíadas. Ou mesmo um Rio de Janeiro.

Observação: Este texto começa com fatos reais e depois torna-se ficcional. Triste é saber o quão difícil é demarcar onde termina uma parte e começa a outra.

Quem vai mais longe na sua *timeline*?

Uma amiga fez um comentário no Facebook, reclamando que uma libertação de cachorrinhos gera uma comoção pública muito maior que a de pessoas em situação análoga à de escravo. Ela se importa com os direitos dos animais e não é especialista, claro, mas entende que houve um descompasso na divulgação do caso dos beagles resgatados por ativistas de um laboratório em que eram usados como cobaias, em outubro de 2013, em São Roque (SP), descompasso que diz muito sobre a gente.

Vamos por partes. Particularmente, sempre me irritei com testes em animais para o desenvolvimento de cosméticos e produtos de beleza em geral. Ou encontramos outra forma de verificar a eficácia e os efeitos colaterais ou que usemos menos. Afinal, há marcas que conseguem desenvolver produtos sem esses testes.

Com relação ao desenvolvimento de medicamentos, precisamos substituir o que for possível por softwares de simulação, reduzir o uso de cobaias, refinar os experimentos e educar pesquisadores e estudantes da área para tornar a participação de animais cada vez menos necessária. E os testes não podem ser feitos sem a devida justificativa junto a um comitê de ética voltado para essa finalidade, sendo acompanhados para garantir a integridade do animal e o mínimo de desconforto possível. Falei com alguns pesquisadores que disseram que a meta é zerar os testes, mas, no momento atual da medicina, isso é impossível para todos os casos. Importante, contudo, é construir um caminho para que testes em animais sejam desnecessários e proibidos.

Não estou discutindo se ações em defesa dos animais são válidas ou não, pois elas são. Também não estou sugerindo que o sentimento sincero de dedicação a uma causa vale mais que a outra (não sei por que estou fazendo esse "porém", tem gente que vai ignorar que ele foi escrito mesmo…), mas sim o comportamento da sociedade diante de tudo isso.

Choca ver imagens de animais bonitinhos que eram cobaias em experimentos, até porque a sociedade não sabe e não quer saber quais processos ocorrem para manter o seu nível de conforto e qualidade de vida. As pessoas ficam chocadas. Animais com pelos raspados, sem olhos, dopados, mortos e congelados foram sendo reproduzidos pela rede de forma viral. Muitos eram filhotes.

Ações como a retirada de animais em São Roque são coisa rara de se ver, é claro. Já cansei de participar de operações de resgate de escravos em que foram encontradas pessoas sem partes do corpo, perdidas no serviço por conta da motosserra, gravemente doentes, desnutridas e desorientadas. Reportagens de TV já mostraram até corpos de pessoas assassinadas tentando fugir que foram exumados pela polícia. Nenhuma delas atinge a mesma comoção que os beagles.

Filhotes são indefesos, e adultos podem cuidar de si mesmos, alguém pode justificar. Mas mesmo nos resgates de crianças escravas, não vejo o mesmo impacto na divulgação ou o mesmo nível de indignação. A história da criança que perdeu um olho trabalhando na colheita de cacau na Amazônia. Ou das meninas de 12 anos que eram exploradas sexualmente em bordéis sujos em beira de estrada. Ou ainda os adolescentes que morreram soterrados ao trabalhar em mineração no interior do Nordeste. Todos os casos foram trazidos a público, e nenhum ganhou a mesma empatia.

Somos programados para que coisas fofas despertem sentimentos de proteção, de cuidado, o que ajuda muito para manter a integridade de seres humanos recém-nascidos. Bebês e animais fofos despertam a vontade de estar perto deles. Aliás, a única estratégia de defesa diante do mundo que eles têm é serem fofos.

Meu desejo não é que as pessoas deixem de se indignar diante do que considerem injusto. Pelo contrário, que consigamos fugir de nossas programações mais básicas e acordemos dessa anestesia, percebendo que há injustiças que passam diante de nossos olhos e não vemos como problema.

A indignação por uma causa não exclui a outra, e jogar debaixo do tapete os incômodos que também dizem respeito a todos nós não os faz desaparecerem. Manifestar-se pode, ao contrário, significar a mudança da situação ou a manutenção de tudo como está.

Sei que não é fácil criar as condições para que algo desperte compaixão e, a partir daí, ação. Mas se não puder ser pela emoção, que nos dediquemos ao outro usando a lógica e a razão.

FALTA INTERPRETAÇÃO DE TEXTO

Onze dicas para não ser um leitor-cobaia

Estas são dicas rápidas para você não ser enganado na guerra cotidiana por corações e mentes que está deflagrada na internet. Porque, em uma guerra, a verdade (se é que ela ainda existe) é sempre a primeira vítima:

1 Olhe sempre a data do texto

Há muita gente que, por inocência ou sacanagem, replica links antigos como se o fato tivesse acabado de acontecer. Como o momento em que um fato ocorre é importante para a sua compreensão, a impressão que fica é de que o problema se repete por incompetência de alguém num eterno dia da marmota.

2 Fuja de textos anônimos

A chance de uma denúncia anônima e sem a fonte da informação circulando no WhatsApp ser séria é a mesma de um jabuti escalar um poste de luz sozinho. Se recebeu, demonstre nojinho e desconfie.

3 Procure o autor

OK, o autor do texto está identificado, o que significa que ele assume a responsabilidade pelo que escreve. Mas... quem é ele mesmo? Pode ser um ilustre *fake*, um notório *hater* ou simplesmente alguém que não manja nada do que está dizendo. Nada como dar um Google para saber um pouco mais sobre o cara. Se for um suposto "especialista", vale buscar o currículo na Plataforma Lattes para ver se o sujeito é mesmo quem diz.

4 Desconfie das "evidências"

Para dar ares de verdade a opiniões bombásticas, muitos textos apresentam "provas" que, para serem mais verossímeis, são geralmente respaldadas por instituições ou autoridades. Muitas vezes, dizer que "a justiça mostrou que Fulano recebe milhões de tal partido", "a PF descobriu que Beltrano tem altas contas na Suíça", e tal e coisa ajuda a envernizar uma mentira. Como o papel e a tela aceitam tudo, não custa nada, de novo, tirar a prova no Google para ver se as evidências são mesmo reais.

5 Busque o contexto

Quando alguém tenta desacreditar uma ideia, pinça uma frase ou uma imagem fora de seu contexto e a utiliza para construir seu argumento. Como parte das pessoas foi condicionada a agir como gado diante do discurso de quem confia, acaba acreditando no novo significado que o sujeito tentou impor ao descontextualizar. Ou seja, na dúvida, Google nele.

6 Não seja ingênuo, leia

Ler um texto até o final é fundamental. O título, a foto e legendas não são capazes de trazer toda a complexidade de um argumento. Se não tiver tempo para ler, não compartilhe ou curta. Você pode, sem querer, estar difundindo uma peça de racismo ou de violência contra a mulher.

7 Não se deixe levar por quem escreve bonito

O texto pode até estar te xingando de uma forma doce, e você nem vai perceber se não observar atentamente o significado das palavras que o autor escolheu. Além disso, fique atento: uma pessoa pode escrever com certeza absoluta do que diz e, ainda assim, estar errada.

8 Cuidado com os sites fantasmas

Não é porque um site publicou um assunto com uma abordagem com a qual você concorda que ele é honesto ou faz bom jornalismo. Procure um "quem somos" ou um "expediente" e veja quem trabalha lá. Se não encontrar, desconfie.

9 Não se apegue tanto às imagens

Até uma criança não alfabetizada é capaz de manipular uma foto com aplicativos on-line. Então, por que você acredita que uma imagem é uma prova irrefutável de um argumento? Ao mesmo tempo, ao editar uma imagem, deixando partes dela de fora, se excluem desafetos ou cria-se a impressão de multidões onde elas não estavam.

10 Grite "truco!" com as imagens

Pouca gente sabe, mas o Google Imagens tem um mecanismo bem legalzinho. Na caixa de busca, clique no ícone de máquina fotográfica e arraste para lá a imagem de que você desconfia. O robozinho vai mostrar imagens parecidas – ou iguais – e informar de qual site elas foram tiradas. É um jeito de você rastrear de onde ela veio, se foi alterada etc.

11 Leia coisas das quais discorda

Não é porque você não concorda com uma opinião ou informação presentes em um texto bem-fundamentado que ele não merece ser lido. Considere que o mundo é mais complexo do que você pode imaginar e que a pluralidade de ideias, desde que não desejem a morte de alguém, ajuda a crescermos como sociedade. O contrário disso se chama ditadura.

Guia rápido para não ser massa de manobra

Nunca entendi muito bem por que as pessoas acreditam com tanta certeza naquilo que recebem aleatoriamente. Maluquices, baboseiras, teorias conspiratórias, cascatas, invencionices e demais mimimis de causar vergonha alheia ao mais incapaz dos comediantes abastecem caixas de e-mail e *timelines* desavergonhadamente.

Será que entendemos o anonimato do que é apócrifo como uma espécie de "sinal" divino? Do tipo: "Senhor, dê-me os números vencedores do jogo do bicho!" – e, minutos depois, você interpreta uma foto de um pug com um chapéu de orelhas grandes, que chegou acidentalmente por e-mail, como resposta para apostar no "coelho"?

O mais interessante é que algumas dessas mensagens contam com mentiras tão bem construídas que tem mais gente que acredita nelas do que em boas matérias, com dezenas de fontes, feitas por jornalistas com decantada credibilidade, que – com paciência e tristeza – desmentem ou explicam um caso.

A rede mundial de computadores nos abriu um mundo de possibilidades. Hoje, um leitor – se quiser – consegue acessar fontes confiáveis e encontrar números, checar dados, trocar ideias com amigos, comparar governos ou mesmo desmentir pataquadas.

Então, mexa esse traseiro e faça uma análise dos fatos, a SUA análise.

Não jogue fora sua autonomia por conta de uma mensagenzinha mequetrefe. E cuidado! Ao se debruçar sobre questões do seu cotidiano, ao informar-se, debater com outras pessoas, você estará fazendo Política, com "P" maiúsculo, e não fofoca. E estará enterrando muitos dos preconceitos que hoje professa. Em suma, mudando de fato o "estado das coisas".

Coisa que o Povo do Spam não quer. Pois, o Povo do Spam quer você ignorante para que seja massa burra de manobra.

Temendo pela minha, a sua, a nossa sanidade mental diante da miríade de mentecaptos, sejam os mercenários pagos por políticos (que operam dezenas de perfis falsos pela rede), sejam os otários que fazem isso por conta própria e gratuita, resolvi escrever breves mas úteis dicas de sobrevivência.

Trago algumas sugestões reunidas tempos atrás por Rodrigo Ratier, jornalista e doutor em pedagogia, especialista na área de educação e comunicação, para usar a lógica a fim de perceber problemas nos textos.

"A camisinha não protege contra o vírus HIV. A epidemia de Aids cresceu justamente porque se confia nessa proteção", disse um bispo certa vez.

Desconfie dos argumentos de autoridade. Não é porque o bispo, o Patriarca de Istambul, o seu chefe ou o diretor do seu sindicato disseram que você tem que acreditar. É preciso provar o que se diz. Exija confirmação dos fatos ou vá atrás dela.

"Não ouviremos as posições do antropólogo Luiz Mott sobre o casamento gay: ele é homossexual."

É a famosa falácia *ad hominem*, expressão latina que significa "ao homem". Para desmontar um discurso, não se ataca o argumentador, e sim o argumento.

"Nesta eleição, vamos escolher entre um Sartre e um encanador."

Não se ridiculariza o outro apenas por ser seu adversário.

"Antes de o MST existir, não havia violência no campo."

Falsa relação de causa e consequência – um fato que acontece depois do outro não necessariamente foi causado pelo primeiro.

"Na guerra contra o terrorismo, ou você apoia a invasão do Iraque ou está alinhado com o mal."

É errado excluir o meio-termo. Um debate maniqueísta é mais fácil de ser entendido, mas o mundo real não é um Palmeiras versus Corinthians, um Fla-Flu, um Grenal, enfim, vocês entenderam.

"Ou se dá o peixe ou se ensina a pescar."

Isso é uma falsa oposição. Não se opõem curto e longo prazos necessariamente. Uma ação não invalida a outra. Elas podem ser, inclusive, subsequentes ou coordenadas.

"Isso não é demissão. A empresa apenas avisou que precisará passar por um redimensionamento do quadro de colaboradores."

Não se deixe levar pelos eufemismos. Nem por quem fala bonito. Uma pessoa pode te xingar e você, às vezes, nem vai perceber se não atentar para as palavras que ela escolheu.

"Avenida Faria Lima, Águas Espraiadas, Imigrantes, Minhocão, Rodovia dos Trabalhadores: alguém aí consegue imaginar São Paulo sem todas estas obras feitas pelo Maluf?"

Desconfie dos textos louvadores que contêm um monte de acertos de alguém e ignoram, solenemente, os erros.

"Se legalizarmos a maconha, o consumo de drogas vai explodir."

Suposição da resposta – aliás, uma dupla suposição, pois insinua-se que o consumo de drogas em geral, e não só da maconha, vai disparar com a legalização. Não há evidências que amparem essa suposta relação de causa e consequência.

"Os esquerdistas não querem que ninguém trabalhe. Hoje, são a favor do Bolsa Família; amanhã, do Bolsa Pão com Ovo; depois, do Bolsa Guaraná Dolly, e assim vai."

A caricatura de uma posição torna mais fácil o seu ataque. É também desonesta por ignorar, de propósito, os argumentos centrais da opinião (neste caso, a renda mínima como instrumento de redução da desigualdade).

Penso, logo existo. Uma banana não pensa, logo uma banana não existe

É triste que pessoas formem opinião por meio de sofismas e falácias. Mas é assustador que sofismas e falácias sejam usados nas tribunas da Câmara dos Deputados e do Senado Federal, em Assembleias Legislativas e Câmaras dos Vereadores, como justificativa para aprovação de leis.

Quais desses pensamentos enlatados, de falsa relação de

causa e consequência, você já comprou e revendeu? Não se quer chegar a uma crítica, longe disso – que cada um tenha sua opinião. Mas ao caminho tortuoso que levou até lá…

- É impossível gerar filhos a partir de duas mulheres ou dois homens. Portanto, casais homossexuais são uma aberração.

- Com 16 anos, jovens podem votar. Então, com 16 anos também podem ser punidos como adultos.

- Os sem-teto ocupam imóveis que não são deles. Portanto, podem ocupar a casa onde moro a qualquer momento.

- Não se ouviam muitas histórias de violência na época da ditadura. Logo, a vida era mais segura.

- As mulheres recebem salários menores que os homens. Portanto, elas são menos competentes.

- Eu não sou racista, e ninguém que conheço é racista. Então, não existe racismo no Brasil.

- Para enriquecer, é só trabalhar duro. Quem é pobre não trabalha o suficiente.

- Ele trabalhou desde muito pequeno e se deu bem na vida. Logo, o trabalho infantil faz bem às crianças.

- A polícia prende mais jovens negros. Logo, jovens negros são bandidos.

O pior não é a ignorância em si, porque o vazio pode ser transformado e, das trevas, sempre pode surgir luz. O pior são pessoas que usam esses sofismas serem alçadas à categoria de vingadoras por grupos que se sentem oprimidos diante da possibilidade transformadora da educação. Pessoas que querem que o mundo volte a ser como sempre foi e que todo o conhecimento se adeque ao seu mundo. Quanto a qualquer conhecimento que mostre que são essas pessoas que estão erradas, que seja banido e nunca mais volte.

A educação é a saída para o país. Mas o primeiro passo é um esforço coletivo, com políticas públicas, atuação da mídia e muito debate, para que todos entendam o que essa frase significa.

Aviso para quem leva a vida muito a sério: o uso de Descartes foi uma piada. Já o uso da banana, não.

Faça o teste e descubra que tipo de leitor você é

Proponho um exercício de interpretação de texto, com uma pitada de ironia e muita forçação de barra. Procure reparar nos diversos ângulos e nas distorções para provar quem tem razão.

Porque, sim, falta amor no mundo, mas falta interpretação de texto também.

Vamos lá: atente-se para a frase "Vovó viu a uva".

Agora, aponte a interpretação que considera mais correta para ela:

Interpretação de texto 1

Certamente a vovó não viu a uva, nem tinha interesse em vê-la. Mas algum capacho de um feminismo de botequim inseriu a vovó na história só para poder comer a mulherada que lê seus artigos, se fazendo de, como posso dizer, sensível. O cretino quer aparecer bem na fita no Tinder. Todos nós sabemos que a vovó está mais interessada em fazer um bom tricô, assar um bolo para a família, cuidar dos netos ou conversar com as amigas na varanda. Ver a uva é coisa de homem, sempre foi. Afirmar que vovó viu a uva só ajuda a desestabilizar a família brasileira, criando embaraços para o vovô, que lutou a vida inteira para sustentar a casa e garantir que uvas chegassem à família. E agora ele não pode nem ver o fruto do seu trabalho? Tristes tempos, estes...

Interpretação de texto 2

A vovó é uma idiota vendida para ONGs internacionais que acha que o alimento que ela consome vem da gôndola do supermercado. Não imagina que, por trás de tudo, e sustentando tudo, inclusive o superávit da balança comercial, há um pujante agronegócio e abnegados produtores rurais. A idosa em questão apenas viu a uva, mas por que ela se nega a dizer quem a plantou? Qual o interesse de esconder quem a cultivou? Quem a selecionou e trouxe para a mesa da idosa a fim de que pudesse ser vista? O agronegócio está cansado e a população deve fazer uma escolha: ou produzimos uvas ou preservamos o meio ambiente. Mais respeito com o produtor rural e menos preocupação com índios, quilombolas e ribeirinhos, que, como todos sabemos, não produzem uva.

Interpretação de texto 3

O livro de Levítico é muito claro: mulher nenhuma poderá ver a uva de ninguém, a não ser a do seu próprio marido, com união consagrada perante Deus e apenas com fins de procriação. Mulher ver a uva é abominação, com pena de apedrejamento em praça pública. Antes desse clima de permissividade, nem se falava da uva em público. Hoje, uma cena grotesca, como uma pura vovó vendo uma uva, é difundida pela internet sem pudor. Graças ao Senhor Jesus, contudo, nós temos os pastores eleitos no Congresso Nacional, que devem aprovar um projeto de lei impedindo que a uva seja vista e pronunciada, e no Ministério dos Esportes – que impedirá esportes com uva nas Olimpíadas.

Interpretação de texto 4

Nós da Associação Empresarial dos Amigos da Escola gostaríamos de vir a público, por meio desta nota, para demonstrar nosso desprezo contra a invasão de comunistas na educação das crianças deste Brasil demonstrada nessa frase. Em vez de aproveitar a alfabetização para incutir na juventude valores caros à nossa sociedade como a livre iniciativa, a competitividade, a meritocracia e o darwinismo socioeconômico, eles esvaziam a educação básica com questões sem importância: vovós e uvas. Vejamos o caso de Joãozinho. Se ele tivesse se alfabetizado por meio dessa cartilha, hoje seria um Zé Povinho. Ao contrário, usando o método de inclusão cidadã da Associação Empresarial dos Amigos da Escola, ele partiu de uma criança que devorava biscoitos feitos de barro e brincava com ossinhos de rabo de zebu para se tornar o CEO de uma grande multinacional. Se Joãozinho se tornou alguém sem a ajuda do Estado ou de vovós, sem depender de professores que só reclamam de salários e faltam às aulas, por que insistirmos em custos caríssimos, gastando com uvas na merenda escolar pagas com dinheiro público?

Interpretação de texto 5

Vovó vê uvas, codornizes e caviar porque ficou de bico fechado para fazer vista grossa no escândalo do trensalão paulista. Na verdade, as uvas estão em cima da mesa da vovó desde a fundação do país. Esteve nas capitanias hereditárias, na casa-grande, nos palácios do café até chegar às mesas dos Jardins, com gosto de um capitalismo decrépito que, crise atrás de crise, está caindo de velho diante da organização popular. O povo está com fome e não quer comer brioches, mas sim uvas. As uvas que hoje o capital saboreia. Apesar da vovó, amanhã há de ser outro dia, e a elite branca não verá esse dia chegar.

Interpretação de texto 6

A vovó viu a uva porque é uma vagabunda, que mama nas tetas do governo federal, depois de ter conseguido um cargo porque trabalhou na campanha de alguém. Enquanto o brasileiro nem sonha com cheiro de laranja, essa desqualificada come cachos de uva comprados com nossos impostos, NOSSOS IMPOSTOS! Mas o gigante acordou, e esse caso será levado ao Supremo Tribunal Federal para a cassação do chefe da quadrilha da vovó e a restituição de todas as uvas a seus proprietários de direito, que são os homens de bem do Brasil.

Interpretação de texto 7

"Vovó", na verdade, é uma agente infiltrada pela CIA nas manifestações de junho de 2013 para desestabilizar o governo e gerar um clima propício à vitória da oposição. "Vovó" não apenas teria visto as uvas como as utilizado para cooptar centenas de milhares de jovens por todo o país com a distribuição do tipo Itália – fato que passou longe das câmeras de TVs porque a grande mídia também fazia parte do plano. "Vovó" só não teve sucesso no seu intento porque o governo de Cuba enviou "vovô", agente de contrainformação, que balanceou esse processo com a entrega maciça de uvas Ruby. Infelizmente, isso teve um custo e, por conta, entregamos a Copa do Mundo para a Alemanha.

Interpretação de texto 8

Vovó viu a uva significa que a vovó viu a uva.

Resultado:

1 **O Machista Solitário** – Neste mundo fluido, no qual as coisas não são necessariamente aquilo que você pensava que fossem, você se sente só, acuado. Tal qual um último leão da savana que pode ser abatido, a qualquer momento, por um dentista de Minnesota, você vai de um lado para outro na internet, esquivando-se de armadilhas deixadas por feminazis que querem uma única coisa: te destronar como rei da floresta.

2 **O Ruralista Carente** – Você se sente injustiçado. Afinal de contas, você produz os alimentos do país. E sente aquela raiva subir à cabeça quando um colega utiliza trabalho escravo ou infantil e logo é taxado de criminoso. Mas, pô, o que são um ou dois cativeiros frente ao progresso do país? O que é mais importante? Um pasto bonito até onde a vista alcança ou meia dúzia de índios xexelentos que iam morrer de fome de qualquer jeito mesmo se você desocupasse a terra deles?

3 **O Povo de Deus** – Desde Jó, nunca homens e mulheres de Deus sofreram tamanha provação. São mulheres de

barriga e de pernas de fora, seminuas, testando a nossa resistência e a nossa fé, quando deveriam estar em casa louvando a Deus. Mas você, mais do que ninguém, sabe que Deus é pai, e não mãe. E a Câmara dos Deputados, que agora é do Senhor, deve aprovar uma lei para proibir tudo isso aí.

4 **O Meritocrático** – Você ralou, deu duro e venceu por conta própria. Por isso, sabe que só é pobre quem quer.

5 **O Gramsci Wannabe** – Nunca leu *O capital*, mas sabe como é bom falar dele como se o de barba (Marx, não Jesus) fosse seu melhor amigo.

6 **O Homem e a Mulher de Bem** – Você é brasileiro, com muito orgulho, com muito amor. E cansou das coisas como estão aí. Pois sabe que, antigamente, o país era muito melhor. Então, quem não esta contigo, está contra você.

7 **O Conspirador** – Dilma foi sedada por um grupo avançado que invadiu o Palácio Alvorada e levada para um local secreto, onde ficará sob custódia. Em seu lugar foi colocada a "Moça", que após cirurgias plásticas em Pequim e intenso treinamento, tornou-se uma cópia perfeita, porém "de luta". Como ela estava acima do peso da mandatária (que, de uma hora para a outra, resolveu fazer a dieta Ravena), tiveram que proibir aparições públicas da "Moça" por algumas semanas, até que ela perdesse massa corpórea. Por isso, faltam uvas.

8 **O Sem Graça** – Aguente firme, OK?

Moral da história: muita gente, quando lê, não descobre o outro. Apenas vê a si mesma no espelho.

FALTA
LEXOTAN
NA ÁGUA
DESSE POVO

A diferença entre opinião e discurso de ódio

Eu recebi esta mensagem educadérrima e superchique do leitor (preservei o nome e o avatar para não incorrer em *bullying*):

[illegible] 29 de setembro de 2014 15:29

Seu ridículo, crítica a opinião do Levir mas pode dar a sua livremente né?? Onde esta a democracia? Seu comunista de merda, você pode e deve ter sua opinião, mas desmerecer e dizer que o outro não pode dar sua opinião é tipico de gentinha como você, vai morar em Cuba, saia da internet, não use telefone, vai viver na caverna, seu comunista de merda.

Leonardo Sakamoto 29 de setembro de 2014 15:51

[illegible]r, seu lindo ♡

Leitor, assim como você, muita gente na internet confunde opinião com discurso de ódio.

Na internet, o anonimato traz aquela sensação quentinha de segurança e, por conta disso, não raro, as pessoas extrapolam. Afinal de contas, por lá é menos simples (mas não impossível) identificar quem falou a abobrinha.

Então, vamos por partes. O direito ao livre exercício de pensamento e o direito à liberdade de expressão são garantidos pela Constituição e pelos tratados internacionais que o país assinou. Mas, da mesma forma, as pessoas também são livres para ter sua orientação sexual. Isso sem contar o direito de ver preservada a sua integridade física e psicológica.

Ou seja, da mesma forma que Levy Fidelix* tem o direito de exprimir suas opiniões, as pessoas têm o de ver garantida sua dignidade.

Agora, algo importante que as pessoas não sabem: liberdade de expressão não é um direito fundamental absoluto, ou seja, inquestionável em quaisquer circunstâncias. Porque não há direitos fundamentais absolutos. Nem o direito à vida é. Prova disso é o direito à legítima defesa.

Pois a partir do momento em que alguém abusa de sua liberdade de expressão, indo além de expor a sua opinião, espalhando o ódio e incitando à violência, isso pode trazer consequências mais graves à vida de outras pessoas.

Pessoas como Levy Fidelix dizem que não incitam a violência. Não é a mão delas que segura a faca ou o revólver, mas é a sobreposicão de seus discursos ao longo do tempo que distorce o mundo e torna o ato de esfaquear, atirar e atacar banais. Ou, melhor dizendo, "necessários", quase um pedido do céu. São pessoas como ele que alimentam lentamente a intolerância, que depois será consumida pelos malucos que fazem o serviço sujo.

E o candidato foi bem claro em sua argumentação. Depois de humilhar homossexuais, afirmou: "Vamos ter coragem! Nós somos maioria! Vamos enfrentar essa minoria. Vamos enfrentá-los." Caberia bem em um filme sobre as Cruzadas ou a Inquisição, mas não em um debate presidencial.

A solução é garantir uma convivência pacífica e educada

* Levy Fidelix foi candidato à Presidência da República pelo PRTB na eleição de 2014. Durante um debate promovido pela TV Record, Fidelix sugeriu que o crescimento dos casamentos gays pudesse reduzir o tamanho da população brasileira e que a homossexualidade seja um problema psicológico.

das diferenças. O ideal seria ir além da tolerância, com as pessoas enxergando essas diferenças como uma coisa boa para termos uma sociedade mais plural e interessante. Porém, dada a atual impossibilidade disso, a tolerância já está de bom tamanho.

Mas, aí, temos uma informação importante: a liberdade de expressão não admite censura prévia. Ou seja, apesar de alguns juízes não entenderem isso e darem sentenças aqui e ali para calar de antemão biografias, reportagens, propagandas, movimentos sociais, a lei garante que as pessoas não sejam proibidas de dizer o que pensam. E foi isso o que aconteceu. Levy quis falar, Levy falou. A TV Record, acertadamente, não cortou seu microfone.

Contudo, há o outro lado da moeda: as pessoas são, sim, responsáveis pelo impacto que a divulgação de suas opiniões causa. Como foi o caso de dirigir a um grupo específico (homossexuais) um sentimento de ódio, propondo a restrição de seus direitos e até sua extirpação social. E toda pessoa que emitir um discurso de ódio está sujeita a sofrer as consequências: pagar uma indenização, ir para a cadeia, perder o emprego, ter sua candidatura cassada.

Afinal, o exercício das liberdades pressupõe responsabilidade. Quem não consegue conviver com isso não deveria nem fazer parte do debate público, recolhendo-se junto com sua raiva e ódio ao seu cantinho.

Por fim, a responsabilidade por uma declaração é diretamente proporcional ao poder de difusão dessa mensagem. Quanto mais pública a figura, mais responsável ela deve ser. Quanto maior o megafone (no caso de Levy, foi a segunda maior emissora de TV do país), mais responsável ela deve ser.

Certamente há outros políticos que não concordam com

a justa equidade de direitos entre heterossexuais e homossexuais. Mas, apesar disso, nenhum deles manifestou essa opinião para o telespectador. Não dessa forma. Isso não é sinal de covardia dos outros. É sinal de estupidez de quem a manifesta.

Ou seja, o problema não é ter opinião. Muito menos declará-la. E sim como você faz isso. De forma respeitosa ou agressiva? Privilegiando o diálogo de diferentes e buscando uma convivência pacífica ou conclamando as pessoas a desrespeitar ainda mais aqueles vistos como diferentes por medo ou desconhecimento?

Ninguém nasce com ódio. Mas somos muito bons em cultivá-lo

Lideranças de taxistas inflamam a categoria contra motoristas de Uber. Quando um grupo espanca um motorista, essas lideranças dizem que não têm nada a ver com isso.

Pastores e padres de certas igrejas inflamam seus fiéis contra aquilo que consideram um desrespeito às leis de seu deus. Quando um grupo espanca um gay ou um travesti, esses pastores e padres dizem que não têm nada a ver com isso.

Figuras públicas da TV inflamam a população contra a degradação da civilização e das famílias de bem. Quando um grupo resolve amarrar alguém em um poste e linchar até a morte, essas figuras públicas dizem que não têm nada a ver com isso.

Certas famílias inflamam seus filhos contra jovens negros e pobres da periferia e pessoas em situação de rua, dizendo que são uma ameaça à vida nas grandes cidades e não valem nada. Quando um grupo resolve despejar preconceito ou dar pauladas e pôr fogo nessas pessoas, as famílias dizem que não têm nada a ver com isso.

Políticos, de governo e oposição, inflamam seus eleitores, desumanizando o adversário e transformando o jogo democrático em uma luta do bem contra o mal. Quando um grupo passa a agredir fisicamente o outro, os políticos dizem que não têm nada a ver com isso.

Alguns jornalistas, progressistas e conservadores, inflamam seus leitores, ouvintes, telespectadores, repassando conteúdo violento, sem checar e de forma acrítica. Quando um grupo passa a assediar, de forma injusta, pessoas ou instituições com base nesse conteúdo, os jornalistas dizem que não têm nada a ver com isso.

Dada a sistemática falta de responsáveis, realizei uma extensa investigação. E, após anos de trabalho de campo, cruzamento de bancos de dados e uso de supercomputadores do Instituto Nacional de Pesquisas Espaciais, descobri que o culpado por tudo isso é o agricultor Sobral Pinto da Silva, que mora sozinho em um barraco de madeira de cômodo único, em Eldorado dos Carajás, no Pará. Ele confessou que cultiva cerca de meio hectare de ódio em um pedaço de terra à beira da rodovia PA-150.

As autoridades já foram avisadas. Espera-se que, com Sobral sob custódia, tudo isso relatado acima se resolva o quanto antes.

Veja o lado positivo: agora sabemos quem é racista, machista, homofóbico

Esconder titica embaixo do carpete pode resolver a questão estética das aparências, mas o cheiro ruim continua rondando o ambiente.

Da mesma forma, jogar purpurina no cocô não faz dele uma lantejoula, muito menos um brilhante.

E fezes vestidas com capa vermelha sobre um colant azul não ganham superpoderes. Pelo contrário, continuam transmitindo doenças.

Por isso, acho extremamente saudável que, após as manifestações de junho de 2013, o pensamento preconceituoso, envergonhado e tolhido desde a redemocratização, tenha saído às ruas e ganhado a internet. Assim, com as máscaras caídas, podemos ver quem é quem de verdade. E o que as pessoas pensam.

Pois parte da sociedade brasileira não está se transformando em algo ruim. Parte sempre foi isso aí mesmo: racista, homofóbica, transfóbica, xenófoba, discriminadora, elitista, machista, inquisidora. Pessoas que não reconhecem no outro um semelhante porque não foram educadas para conviver com as diferenças. Pessoas capazes de atacar e esfolar quem ouse, na busca por direitos, pôr em risco seus privilégios, e que vibram com a morte de sem-terra, sem-teto e crianças em situação de conflito com a lei.

Só que, antes, ficavam em silêncio, com medo do que o coletivo fosse pensar. Ou temiam soar tacanhas em um momento em que conquistávamos direitos – na produção da Constituição de 1988, na resistência das lutas sociais da década de 1990, nas mudanças levadas a cabo pelos governos do PSDB e do PT (sim, os dois).

Mas os ultraconservadores em todo o mundo perceberam que não estavam sozinhos. Reconheceram-se mutuamente por meio da internet e, sem vergonha de serem felizes, perderam o medo. Foi um processo ironicamente semelhante ao que ocorreu, sem a internet e, por isso, de forma muito mais lenta, com organizações e movimentos sociais progressistas ao longo de décadas.

Contribuíram para catalisar esse processo por aqui, e criar uma identidade reativa, os escândalos de corrupção do governo envolvendo o PT (e não adianta falar que são invenção da imprensa, pois mensageiros podem até exagerar nas tintas, mas a paisagem já estava lá para ser pintada), a situação de declínio econômico e a conquista de determinados direitos pelos mais pobres (lembrando que efetivação de direitos não significa benesses de governos. É consequência de demandas sociais e trabalhistas, com base em sangue, suor e lágrimas).

O bom é que os jogadores estão aí, vestindo suas camisas, e com as opiniões escancaradas. Por isso, agora você sabe que seu vizinho é racista, que o seu chefe é homofóbico, que o seu professor é machista, que aquele jornalista acha que negros são inferiores, que sua Best Friend Forever mataria uma transexual com as próprias mãos se isso não fosse lascar sua unha, que o cara da banca de jornal tem nojo de pobre.

Ou seja, agora, o discurso que tenta construir uma narrativa de que o Brasil é um país de harmonia e de que as pessoas e movimentos que lutam pela redução da desigualdade estrutural é que criam o ódio fica mais claro e pode ser contestado publicamente. Pois o Brasil real, sem a capa de hipocrisia, é fratura e disputa. E é natural que seja assim.

O que todos devemos aprender é que essa disputa deve ser na arena pública e de forma democrática, e não por meio da violência e da intimidação.

Não é uma tarefa fácil garantir um debate instigante, desafiador e plural, até porque a novidade sempre tem seu charme. E a novidade agora não é mais a luta pela universalização de direitos.

Tenho a certeza, contudo, de que ao conhecer o outro e ter por ele empatia ou ao ter acesso à informação de qualidade, muita gente pode se transformar. Afinal, milhões enxergam de olhos fechados. E o que não for pelo consenso, que fique a cargo da boa e velha disputa na arena democrática.

Enfim, quando me falta horizonte, lembro-me de *A Igreja do diabo*, de Machado de Assis. Neste momento, parece que estamos fundando uma Igreja do diabo. Mas pela consciência adquirida em debates e diálogos (que provoca um processo dialético) ou pela eterna contradição humana, as coisas vão mudar.

Seguem trechos do texto de Machado:

Conta um velho manuscrito beneditino que o diabo, em certo dia, teve a ideia de fundar uma Igreja. Embora os seus lucros fossem contínuos e grandes, sentia-se humilhado com o papel avulso que exercia desde séculos, sem organização, sem regras, sem cânones, sem ritual, sem nada. Vivia, por assim dizer, dos remanescentes divinos, dos descuidos e obséquios humanos. Nada fixo, nada regular. Por que não teria ele a sua Igreja? Uma Igreja do diabo era o meio eficaz de combater as outras religiões, e destruí-las de uma vez.

A Igreja fundara-se; a doutrina propagava-se; não havia uma região do globo que não a conhecesse, uma língua que não a traduzisse, uma raça que não a amasse. O diabo alçou brados de triunfo.

Um dia, porém, longos anos depois, notou o diabo que muitos dos seus fiéis, às escondidas, praticavam as antigas virtudes. Não as praticavam todas, nem integralmente, mas algumas, por partes, e, como digo, às ocultas.

Certos glutões recolhiam-se a comer frugalmente três ou quatro vezes por ano, justamente em dias de preceito católico; muitos avaros davam esmolas, à noite, ou nas ruas mal povoadas;

vários dilapidadores do erário restituíam-lhe pequenas quantias; os fraudulentos falavam, uma ou outra vez, com o coração nas mãos, mas com o mesmo rosto dissimulado, para fazer crer que estavam embaçando os outros. A descoberta assombrou o diabo.

Voou de novo ao céu, trêmulo de raiva, ansioso para conhecer a causa secreta de tão singular fenômeno.

Deus ouviu-o com infinita complacência; não o interrompeu, não o repreendeu, não triunfou, sequer, daquela agonia satânica. Pôs os olhos nele, e disse-lhe:

— Que queres tu, meu pobre diabo? As capas de algodão têm agora franjas de seda, como as de veludo tiveram franjas de algodão. Que queres tu? É a eterna contradição humana.

Você é violento só para ser aceito socialmente?

O que leva um torcedor de futebol a preparar, armazenar e carregar um composto químico até um estádio, a fim de lançá-lo contra jogadores do time adversário?

Poderíamos discutir horas sobre os elementos que estão por trás disso. Mas, mesmo realizada por uma única pessoa, ela não é uma ação individual de um lunático mentecapto. Existe um processo de construção e validação social sobre isso.

Afinal de contas, quantas vezes um bastardo inútil que matou um torcedor no Brasil após uma briga de torcidas uniformizadas não deve ter recebido tapinhas nas costas de outros bastardos tão inúteis quanto ele? "Parabéns, você acertou um corintiano, um são paulino, um palmeirense." Deprimente...

Da mesma forma que não são os pastores ou deputados fundamentalistas que seguram a faca ou o revólver que atacam gays, lésbicas, travestis, mas é o discurso deles que torna a agressão uma necessidade para restabelecer a ordem das coisas. O mesmo se aplica a jornalistas da linha "Espreme que sai sangue", sua luta pela audiência e linchamentos de pessoas culpadas ou inocentes.

Um exemplo são os casos de mulheres atacadas por ácido no rosto no Paquistão. Em Islamabad, capital do país, conversei com uma coordenadora de uma organização que atuava no apoio e acolhimento dessas vítimas. Por manterem o rosto descoberto, o que seria um ultraje para alguns seguidores de uma interpretação tacanha do Corão, são vítimas desses ataques.

Não eram líderes que jogavam o ácido, mas são eles e a comunidade por eles instruída que transformam o ato de queimar em um desejo de Alá. Sendo que Alá não tem culpa nenhuma.

Ninguém nasce com o ódio, ele é aprendido e fomentado. Seja por meio da ação sistemática de um grupo social, que produz e difunde discursos contra o outro, seja pela sistemática injustiça cometida contra alguém ou um grupo e o rancor vingativo decorrente disso.

Como já contei neste livro, foi extremamente pedagógica uma experiência antropológica pela qual passei quando um espécime, dirigindo um carro grande e bonito, me reconheceu, parou ao meu lado na rua, me cuspiu, gritou "Volta pra Cuba" e elogiou de forma contundente minha progenitora.

O que levou aquela mulher simpática a fazer isso? Algumas pessoas que operam no nível "Rodapé" de profundidade intelectual decerto dirão que foi "a raiva que estava contida por anos de ditadura do proletariado no Brasil". Ã-hã. Ditadura do proletariado. No Brasil. Com um governo que se dizia "de esquerda", mas rifou os direitos dos trabalhadores em nome de uma concepção equivocada de desenvolvimento?

Falta amor no mundo. Falta interpretação de texto. Mas também falta Lexotan na água desse povo.

O fato é que a cuspidora colocou em prática o discurso que deve ter ouvido por um bom tempo: de que é necessário fazer justiça com as próprias mãos, que a coletividade vai lhe agradecer por esse ato e que, portanto, seu ato não é criminoso.

Diálogo para a construção coletiva da sociedade, sem xingamentos ou ofensas? Imagina! Isso é coisa de bicha asquerosa que merece morrer!

Se não pararmos para pensar antes de compartilhar, retuitar, curtir ou difundir qualquer mensagem de ódio, de qualquer lado do espectro político, ajudaremos a tornar o mundo um lugar pior para se viver.

BOATOS SÃO ETERNOS

Cinco passos para criar um meme e difundir uma mentira

Conteúdo anônimo, sem assinatura, segue ganhando força na rede. Não raro, esconde-se sob a justificativa de que está fugindo de possíveis represálias porque representa grupos perseguidos. Mas uma grande parte dos responsáveis por esse conteúdo permanece nas sombras a fim de produzir munição para uma guerra virtual por corações e mentes que você pode não ver, mas está aí.

Isso é tão verdadeiro que fomentou a criação de novos formatos de "comunicação" nas mãos de novos "comunicadores".

Conversei com uma pessoa que trabalhava em campanhas digitais e era responsável por formar opinião em redes sociais. Segundo ela, o objetivo de pôr um meme falso, por exemplo, para circular não é tanto mudar a ideia de quem concorda com a pessoa que é alvo da campanha de difamação, mas municiar de argumentos e fortalecer a identidade de quem não concorda. E, ao mesmo tempo, tentar criar uma dúvida razoável em quem fica na zona cinzenta. Para isso, ela adotava uma fórmula mais ou menos assim:

1 Escolha uma foto da pessoa a ser difamada.

2 Coloque como título um questionamento à credibilidade/honestidade/competência dessa pessoa. Prefira programas de edição de imagens porque o resultado é melhor, mas, se não for possível, use um gerador de memes mesmo.

3 Na base da imagem, invente uma declaração que a pessoa nunca proferiu e que mostre sua incoerência ou atri-

bua algo a ela. Utilize algo que o cidadão comum, pouco informado, consideraria verossímil.

4 Publique o meme nas redes sociais, precedido de um comentário desabonador sobre a pessoa, ou exija, de forma indignada, uma resposta dela sobre a mentira com cara de verdade que você acaba de criar. Ridicularize.

5 Certifique-se que o meme será compartilhado. Se você controlar várias contas anônimas em redes sociais, compartilhe em todas elas. Marque outros sites que fazem serviço semelhante ao seu para que possam difundir também, dando credibilidade à ação. Para isso, é sempre bom ter uma rede de contatos ativa. Hoje ele te ajuda, amanhã você o ajuda.

A partir daí, é uma disputa desigual. Um conjunto de reportagens restabelecendo os fatos não consegue anular o efeito negativo. Primeiro, porque uma parte das pessoas prefere ver figuras do que ler. Segundo, porque, segundo afirmou minha fonte (que, por motivos óbvios, terá a identidade preservada), "não adianta tentar combater uma notícia falsa com informação correta. Muitas pessoas não estão nem aí se é ou não verdade. Elas só querem alguma coisa para apoiar sua visão de mundo".

Em outras palavras, estamos perdendo a guerra para as fofocas. E a única arma possível é ler com desconfiança, checar as informações de tudo o que se vê. Ou, pelo menos, procurar a sua origem – onde foi dito isso, quando e em que circunstância –, de forma a não propagar boato.

Esse talvez seja um dos maiores desafios que teremos nos próximos anos. O futuro de um mundo em que todos têm ferramentas de comunicação em massa ao seu alcance, mas ninguém se importa com a veracidade do que (re) publica, passa por uma educação para a mídia. Por ensinar crianças e jovens a ter responsabilidade sobre o conteúdo que divulgam.

Grandes poderes trazem grandes responsabilidades, já diria o Tio Ben.

Se você não tem paciência para nada disso, atenha-se aos gifs animados de gatinhos ou aos cards com mensagens de autoajuda. Jamais chegue perto de uma informação. Você é café com leite, não está preparado para este maravilhoso mundo novo.

Como produzir notícias falsas e fazer sucesso na internet

Para mostrar como é produzir uma boa notícia falsa batendo em alguém, criei esse breve e básico manual.

Por favor, não estou falando do Sensacionalista (#amo), ou do Piauí Herald (#amotambém), mas de setores da esquerda e da direita partidários, além de fundamentalistas e defensores do indefensável, que já adotam essas ações há muito tempo no intuito de confundir. Agora é a hora de vocês descobrirem como a máquina funciona.

1 Onde escrever

Comece criando uma página na rede com um nome que pareça o de um veículo jornalístico. Muitos leitores que se informam apenas pelo WhatsApp ou pelas redes sociais não fazem distinção entre o que vem da *Folha de S. Paulo,* de *O Globo*, da *Carta Capita*l (vocês podem concordar ou não, mas são empresas conhecidas e podem ser processadas em caso de erro ou má-fé) ou de qualquer coisa que possa ter sido criada minutos antes, como um "Diário do Amanhã" ou um "Notícia Expressa".

Daí, se a página será anônima ou se estará hospedada no www, depende do que você tiver para esconder e do quanto pretende bater nas pessoas e em instituições a ponto de ser processado.

2 Título

Comece fazendo um título bombástico. Isso mesmo: aquela ideia de que o título é decorrência do texto não vale aqui. Um exemplo, usando a Rainha Elsa, de Frozen (#adoro):

Você não vai acreditar nisso! Rainha Elsa é envolvida em escândalo do gelo na Noruega.

Tá OK, mas você pode ir mais fundo. O título não precisa ser verdadeiro, desde que chame a atenção do público e jogue dúvida sobre o seu alvo.

"Ah, mas os leitores vão cair nessa?"

A graça da coisa é que você não precisa se preocupar com isso. O importante é colocar uma pulga atrás da orelha do internauta, que vai passar a encarar o seu alvo (pessoa, instituição, ideia) de uma forma diferente dali em diante.

O leitor médio brasileiro não diferencia uma fonte confiável de uma que não o é. Nem mesmo sente falta delas em um texto de denúncia. Para ele, a validação do texto está, em boa parte das vezes, no próprio texto. Se a "notícia" lhe parecer factível e for ao encontro de sua visão de mundo (muita gente não admite consumir informações que contestem sua visão de mundo), ele absorve aquilo, forma a opinião e passa o conteúdo adiante.

Tente outra vez:

Rainha Elsa é acusada de desviar gelo que iria para a merenda de crianças pobres.

Hum, é melhor inserir no título um elemento que fomente ódio contra o seu alvo de forma mais imediata (corrupção, pedofilia, assassinato de idosos, furto de bebês, o Corinthians...). Se der para colocar mais de um, então, será a glória. Seja assertivo, demonstre certeza, não importa o quão ridícula seja essa associação. Você pode até rir da sua obra-prima ao final, mas o público levará a sério.

Rainha Elsa, envolvida em corrupção, também é acusada de incesto com a própria irmã.

Estamos no caminho, mas tente seguir a fórmula "sujeito – verbo – predicado". Quanto mais parecido com uma estrutura de manchete de fácil digestão, voltado para a massa (estilo Jornal Nacional), melhor.

Castelo da Rainha Elsa foi erguido com escravos suecos e cubanos.

3 Foto

Escolha uma boa foto do seu alvo. Vá até o Google e pegue uma que possa ser usada no contexto que você criou. Corte, edite, transforme, não importa – o Photoshop está aí para isso mesmo. Mas faça a imagem comprovar aquilo para que você alertou no título. E use uma legenda para explicitar o novo significado que você queira dar a ela e conduzir o leitor para onde desejar.

Procure uma foto da Elsa em seu castelo e escreva embaixo:

Elsa e o castelo superfaturado: luxo sustentado pelo desvio de gelo que iria para a merenda de crianças pobres da periferia de Arendelle.

Descontextualize a imagem original. Alguns jornalistas, políticos e empresários fazem isso há tempos: torturam fotos a serviço da tese que estão defendendo. Por que o restante dos cidadãos também não poderia?

A foto abaixo é fruto de uma brincadeira nos Estados Unidos com a personagem da Disney. Não é real – em nenhum sentido possível. Mas, não importa, cabe feito uma luva:

© Tammy Sakalas /Sakalas Photography/Reprodução/Facebook

Rainha Elsa é presa pela Operação Uísque Caubói da Polícia Federal

4 Texto

Tenha o cuidado de não cometer erros de gramática e ortografia. Vale lembrar, como dito anteriormente, que o conteúdo dessas "matérias" não é ratificado por fontes de informação confiáveis. A credibilidade é dada pelo próprio texto, o que inclui o seu nível de correção ortográfica e gramatical. Sim, forma é conteúdo.

"Claro que esse texto sobre a Elsa diz a verdade! Olha como ele é bem escrito!"

Escreva um texto curto. Não precisa ser genial. Pelo contrário: deve ser simples de modo a ser compreendido pelo maior número de pessoas e usar alguns códigos do jornalismo. Comece-o com um lide (parágrafo inicial de muitos textos noticiosos, que traz a informação mais relevante do texto, respondendo – de forma objetiva – a indagações como "quem", "quando", "onde", "por quê", "o quê" e "como". Crie um histórico das sacanagens anteriores do seu alvo – não importa se são mentiras, o que importa é que você faça o histórico. A partir daí, pode lascar opinião.

Muita gente não faz diferença alguma entre um texto opinativo e um narrativo. No jornalismo, os dois têm seu valor, mas informação precede opinião em casos de denúncias – o que, não raro, parece passar despercebido entre muitos dos que defendem ou criticam, por exemplo, o governo Dilma, o governo Alckmin ou o reinado de Elsa. Então, opine à vontade e não se preocupe com muitos dados. Na dúvida, invente.

Se puder, coloque links que mandam para outros sites. Hiperlinks, mesmo que não conectem a nenhuma informação nova, têm um efeito de respaldo: "Olha, não sou só eu que digo isso, mas outros também." Um link, por exemplo, que mostra que a gestão de Elsa fechou um contrato gigante de fornecimento de gelo pode ser muito útil. Não importa se o contrato estava legalmente correto, o que importa é inserir uma dúvida.

O ideal é que você produza vários sites com variações do mesmo texto, um se referindo a outro. Isso dá a impressão de que há um rosário de veículos tratando do mesmo assunto, como se fosse o tema do momento. Percebeu? Um discurso não legitimado necessariamente pelos fatos, mas por outros discursos, em uma teia sem fim, sustentada por coisa alguma. Pós-moderno demais? Desculpe, é a internet.

É como uma cebola: quem nunca a viu, acha que é algo suculento, como uma maçã ou um abacate. Mas, retirando camada por camada, você percebe que, lá dentro, só tem vento.

E lembre-se: pouca gente lê textos na internet. Olham títulos, veem fotos, claro, mas apenas checam se há um texto explicando tudo, sem necessariamente lê-lo. Como disse no início, um bom título e uma boa foto são o que levam a compartilhamentos, retuítes e likes, ou seja, à disseminação e validação coletiva. Quanto mais perfis falsos ou verdadeiros de Facebook, Twitter e Instagram você tiver para o serviço, melhor. Coloque todos para curtir os textos divulgados e sugeri-los a amigos, fazendo a roda-viva girar.

Daí, é só correr para o abraço. E assistir, de camarote, à população – que sabe escolher entre uma alface boa e uma ruim na feira, mas não foi educada (e isto deveria fazer parte do currículo escolar) para identificar o que é uma notícia falsa ou um argumento furado – devorando a si mesma. E o próprio futuro.

O stalker ideológico e o iminente golpe comunista no Brasil

Diverti-me horrores com a repercussão desta foto tirada sorrateiramente e transformada em meme por um site conservador de humor (parece contraditório). Isso levantou debates existenciais à esquerda e à direita, e eu me senti querido pacas.

Naquele ano, já havia estado em Washington para participar como palestrante de um evento da Organização Internacional do Trabalho e do Departamento de Trabalho norte-americano. Avisei no Facebook, inclusive. Ninguém disse nada.

Logo depois, falei no seminário "Innovative Approaches to Combating Forced Labor and Other Forms of Workers Exploitation", onde eu estaria, também como palestrante, na Universidade da Califórnia, em Los Angeles. Ninguém disse nada.

Vou várias vezes ao ano para Nova York e Washington (afinal, a política de combate à escravidão e de defesa aos direitos humanos deve ser global, uma vez que as ameaças a ela também são), e ninguém nunca fala nada. Sou conselheiro das Nações Unidas e pesquisador visitante em uma universidade em Nova York, e a galera não diz um piu.

Quando, durante uma viagem de trabalho, sento para tomar um cafezinho, entre um evento e outro, uma reunião e outra, o povo grita "comunista hipócrita!", fritando nas redes sociais.

Analisando friamente os elementos envolvidos nessas situações, chego à conclusão de que o problema não são os Estados Unidos ou eu. É o café.

Maldito café.

A batalha de ideias na internet é uma coisa muito doida. Poucos estão interessados em discutir o que o outro pensa, seja de direita ou de esquerda. O objetivo é imputar a ele uma série de chavões simplistas, transformando-o em uma caricatura – que é diferente da vida real, mas que serve a um discurso. Como o tosco lema da tosca ditadura civil-militar brasileira: "Brasil: ame-o ou deixe-o", lembram? Ou você é assim ou é assado.

Se você declara ser progressista ou de esquerda, automaticamente tem que declarar voto de pobreza, votar no PT, querer o comunismo, ter uma sunga igual à do ditador da Coreia do Norte.

Não raro, quando estou em algum restaurante ou no aeroporto em São Paulo, sou fotografado e depois criticado em páginas conservadoras nas redes sociais. Por exemplo, almocei com um advogado e, horas depois, haviam postado fotos do almoço, com o preço da comida, questionando o meu direito de estar lá e o fato de, apesar de parecer gordinho, ter pedido sobremesa. E o sujeito ainda me seguiu e ficou tirando fotos na rua. E se eu tivesse colocado o dedo no nariz? Quem pagaria o prejuízo?

Então, tenho que avisar algo importante. A partir de agora, se quiserem, por favor, me peçam. Não fiquem tirando foto escondida porque vocês são péssimos. Falta a competência técnica de fotojornalistas como Gilvan Barreto e Marcos Hermes. Pois, nas imagens feitas porcamente em seus smart-phones, pareço mais gordo e mais cabeçudo do que já sou. Praticamente uma abóbora que sustenta um chocotone.

É só chegar e dizer: "Sakamoto, eu te odeio com todas as minhas forças porque você é um jornalista que come criancinha e representa o mal neste mundo. Por isso, quero tirar uma foto e fazer um meme para expor sua hipocrisia. Posso?" Desde que a foto saia boa, podemos conversar.

Outra dica: cheque duas vezes antes de trolar alguém. Sabe quando a pessoa fica ouriçada porque acha que descobriu uma mina de ouro e, minutos depois, tem vontade de sumir de vergonha? Fui com uma amiga jornalista assistir ao filme *Relatos selvagens* no início do ano. Pouco depois recebi este comentário de um empolgado leitor – que, apesar de jovem, desconhecia os benefícios das compras pela internet:

Sakamoto, porquê você usa fila preferencial no Cine Belas Artes?
Curtir · Responder · 👍 6 · Há 12 horas

Eu estava no Cine Belas Artes, ele chegou atrasado para a sessão, viu uns amigos dele e foi para a fila preferencial do cinema. Foi isso.
Curtir · 👍 1 · Há 12 horas

Leonardo Sakamoto Oi, amor, Porque aquela fila é tanto para atendimento preferencial como para quem comprou ingresso pelo site. Sugiro que, na próxima vez, compre pela internet. É mais rápido e fácil 🙂 Não é feitiçaria, é tecnologia.

Ele o apagou, claro. E depois postou, novamente e somente, a "denúncia".

Voltando às viagens: posso compartilhar a minha agenda para dentro e fora do país previamente. Daí, se o pessoal da patrulha quiser algo do Free Shop, é só dizer, desde que não estoure a cota.

O melhor é que quando eu falo do meu trabalho nas Nações Unidas, há quem diga que a ONU é uma "organização comunista sem credibilidade alguma". Está vendo? Isso é que dá jogar bombas de gás em professor de história e pagar a ele salário de fome.

Mas preciso ser honesto. Tudo isso é cortina de fumaça. Havia um golpe comunista em curso no Brasil no ano de 2015. O plano acabou fazendo água, mas este relato da época mostra bem que a sensação de vitória era grande.

FHC, Lula e Beth Carvalho me mandaram em uma missão especial: levar as determinações do Foro de São Paulo para o camarada revolucionário Obama. E aquele lugar onde eu estava não era um café, e sim uma célula do Communist Army Force of Execution (Cafe), local seguro – como pode ser visto pelas estrelinhas ao fundo, no vidro – no qual entreguei as ordens bolivarianas.

Porque, como todos sabem, o corte em direitos trabalhistas e previdenciários em nome do ajuste fiscal, bem como o ataque à dignidade dos povos tradicionais, em nome de uma visão distorcida de desenvolvimento, levados a cabo pelo governo do PT no Brasil, são apenas distração para turvar o real plano de um grupo maior e secreto: a implantação do comunismo em todo o continente americano.

O plano tem sido tão bem executado que ninguém percebeu que o ministro da Fazenda é nosso. E vai aplicar golpes na recuada CLT a fim de ganhar a confiança do mercado. Depois, lastreará a economia com rublos, pesos cubanos, wons norte-coreanos, bolívares venezuelanos e, claro, a pa'anga, da ilha de Tonga.

Enquanto isso, o companheiro Eduardo Cunha está lançando algumas polêmicas para a mídia se distrair. Ao final do seu mandato, contudo, entrará com a proposta de emenda constitucional que acaba com a propriedade privada no Brasil. Os companheiros da Brigada Mikhail Bakunin, que foram eleitos sob o disfarce de "Bancada Evangélica", estão ansiosos tanto para votar a PEC quanto para poder parar de falar mal de gays, lésbicas, bissexuais, transexuais e travestis. O companheiro Beto Richa cumpriu o combinado e, por meio da identidade reativa à violência estatal, conseguiu organizar e mobilizar os professores e servidores públicos no estado do Paraná. Os comitês revolucionários dos estados devem ser orientados a copiar o modelo desenvolvido pelo companheiro Beto e aplicar a mesma fórmula com o intuito de acordar as massas.

O companheiro Geraldo teve sucesso com a parte do plano que previa secar a capital paulista. Toda a água está, agora, escondida em uma rede de cavernas embaixo do sistema Cantareira sem que ninguém ao menos desconfie.

Provavelmente em agosto, as torneiras de mais da metade da cidade já estarão secas, o que levará ao êxodo em massa da elite para seus haras ou para hotéis na região da Berrini/Morumbi, abastecidos pelo sistema Guarapiranga. Nesse momento, Jardins, Higienópolis, Pacaembu, Perdizes e adjacências serão ocupados pelos companheiros do movimento sem-teto, por clínicas de médicos cubanos e pelos argelinos treinados pelo camarada "Libanês", que foi prefeito e governador de São Paulo.

Por fim, Dilma foi sedada por um grupo avançado que invadiu o Palácio Alvorada e levada para um local secreto, onde ficará sob custódia. Em seu lugar foi colocada a "Moça", que após cirurgias plásticas em Pequim e intenso treinamento, tornou-se uma cópia perfeita, mas "de luta". Porém, como ela estava bem acima do peso da mandatária (que, de uma hora para a outra, resolveu fazer a dieta Ravenna), tiveram que proibir aparições públicas da "Moça" por algumas semanas, até que ela perdesse massa corpórea.

A "Moça" está instruída a manter a política entreguista de Dilma por mais seis meses. É prazo mais do que suficiente para que o carregamento de armas norte-coreanas do companheiro Kim Jong-un chegue ao porto de Santos, escoltado por *mariners* do camarada Obama.

Com as tripas do último Mickey, enforcaremos o último Muppet. Vai ser duro, porque gosto dos Muppets. Mas sacrifícios são necessários.

MAIS VALE UM TUÍTE
ATRASADO
DO QUE UM
POST
MAL APURADO

Dica para não passar vergonha na internet e, ainda por cima, ter saúde

Você pensou em algo "genial" sobre a vida dos outros e quer postar imediatamente nas redes sociais.

Pare. Encha bem o pulmão de ar e solte lentamente.

Repita a operação mais duas vezes.

Depois, pense: O que estou prestes a postar configura algum crime virtual, promove o ódio ou pode ser ocasionado por minha incapacidade de exercer as faculdades relacionadas à interpretação de texto?

- Sim? Então, tome um copo d'água e vá fazer exercícios físicos.

- Se não, pense: O que estou prestes a postar é realmente necessário e acrescenta algo ao debate?
Não? Então, tome um copo d'água e vá fazer exercícios físicos.

- Se sim, pense: O que estou prestes a postar serve apenas para eu me sentir aquecido e amado por conta dos likes dos meus amigos?

- Sim? Então, tome um copo d'água e vá fazer exercícios físicos.

- Se não, pense: O que estou prestes a postar possui um argumento baseado em fatos reais ou, ao menos, em alguma lógica?

- Não? Então, tome um copo d'água e vá fazer exercícios físicos.

- Se sim, pense: O que estou prestes a postar é machista ou regado por preconceitos de gênero, orientação sexual, cor de pele, origem social ou etnia?

- Sim? Então, tome um copo d'água e vá fazer exercícios físicos.

- Se não, pense: O que estou prestes a postar poderia ser dito de forma mais educada, sem xingamentos gratuitos, mesmo que outras pessoas estejam xingando gratuitamente no debate?

- Não? Então, tome um copo d'água e vá fazer exercícios físicos.

- Se sim, reformule a postagem em outros termos e pense: Eu teria coragem de dizer o que estou prestes a postar para um auditório lotado com quinhentas pessoas desconhecidas ao vivo?

- Não? Então, tome um copo d'água e vá fazer exercícios físicos.

Se sim, poste e seja feliz.

Ao final, você terá contribuído para um mundo mais digno. E terá um condicionamento físico muito melhor. #saradão

Dez mandamentos para divulgar notícias no Facebook e no Twitter

1 Não divulgarás uma notícia sem antes checar a fonte da informação.

2 Não divulgarás notícias relevantes sem atribuir a elas fontes primárias de informação. Um "cara gente boa" ou um "BFF" não são, necessariamente, fontes de informação confiáveis.

3 Tuítes e posts "apócrifos", sem fonte clara, jamais serão aceitos como instrumento de checagem ou comprovação. Sites que caluniam e não se dignam a informar quem é o responsável, muito menos.

4 Não esquecerás que informação precede opinião.

5 Não repassarás informações que não fazem sentido algum só porque você não gosta da pessoa ou instituição em questão. A disputa entre posições políticas deve ser baseada em um jogo limpo, e não em invencionices.

6 Lembrarás que mais vale um tuíte ou post atrasado e bem-checado que um rápido e mal-apurado. E que um número grande de retuítes, compartilhamentos e likes não garante credibilidade de coisa alguma.

7 Não matarás – sem antes checar o óbito.

8 Não esquecerás que a apuração *in loco*, por telefone e/ou por e-mail precede, em ordem decrescente de importância, o chute.

9 Não terás pudores de reconhecer, rapidamente e sem poréns, o erro em caso de divulgação ou encaminhamento de informação incorreta. Pedir desculpas é divino.

10 Na dúvida, não retuitarás, compartilharás ou darás like em coisa alguma. Pois tu és responsável por aquilo que repassas e atestas. Ou seja, se der ruim, você também é culpado. E, sim, retuitar, compartilhar e dar like em coisa ruim já rendeu condenação para muita gente.

Teste rápido: você faz papel de idiota nas redes sociais?

Escolha apenas uma alternativa:

1 Após ler o título de um texto sobre um assunto que te interessa, você

a) Parte para esculhambar e xingar o autor
b) Começa a elogiar e endeusar o autor
c) Diz que aquela postagem é a prova de que os Illuminati estão dominando o mundo
d) Avisa que aquilo não tem importância alguma porque Cristo vai voltar em breve
e) Lê o texto

2 Você recebeu uma mensagem no WhatsApp com uma denúncia séria, mas com autoria desconhecida e sem fontes de dados confiáveis. Então

a) Encaminha a postagem para cinquenta amigos no WhatsApp
b) Encaminha a postagem para cinquenta amigos no WhatsApp e replica no Twitter
c) Encaminha a postagem para cinquenta amigos no WhatsApp, replica no Twitter e bomba no Facebook
d) Encaminha a postagem para cinquenta amigos no WhatsApp, replica no Twitter, bomba no Facebook e mita falando dele no Snapchat
e) Dá um Google para checar e, caso haja uma dúvida razoável, avisa a quem te mandou a fim de que evite espalhar conteúdo que pode ser falso

3 Quando percebe que não manja muito de um assunto em um debate nas redes sociais, você

a) Inventa dados para ganhar o debate
b) Cria histórias para sustentar seus argumentos
c) Enfia palavras na boca de terceiros
d) Distorce o que não é favorável a você
e) Não tem vergonha de dizer "não sei", "não faço ideia" e "me explica"

4 Quem xinga alguém durante uma discussão nas redes sociais está

a) Colocando a pessoa no seu devido lugar
b) Mostrando a ela quem manda por aqui
c) Deixando claro a todo mundo quem é o pica das galáxias
d) Dando uma lição em quem se atreveu a questioná-lo
e) Sendo um babaca

5 Alguém que discorda educadamente do seu post é

a) Um petralha imundo que mama nas tetas do governo
b) Um tucanalha nojento e insensível à dor do semelhante
c) Uma feminazi maldita que quer destruir os homens de bem
d) Um gayzista que quer transformar meus filhos em sodomitas
e) Alguém que discorda educadamente do meu post

A quem respondeu qualquer coisa que não seja a alternativa "e": há pessoas preocupadas em ganhar debates e que ignoram as dores do outro. E ofendem, xingam, maltratam, espantam. E há aquelas que querem construir algo através de conversas nas redes sociais. E ouvem, entendem, toleram, absorvem. Qual desses grupos de pessoas você acha que vai deixar saudades se partir? Qual desses grupos de pessoas você acha que é fundamental para o futuro do país?

ODIAR É FÁCIL.
DIFÍCIL É
DIALOGAR

Qualquer fuinha odeia. Dialogar é para você?

A esquerda foi para a rua na redemocratização do país e não saiu mais. Não deveria assustar, portanto, que a direita também esteja ocupando o espaço público, mais fortemente desde 2013. Pelo contrário, você deveria achar isso saudável.

A histórica ausência de debate político nas ruas criou alguns problemas. Por exemplo, a incapacidade de muita gente de separar o que é um discurso conservador (que tem suas pautas a respeito do papel do Estado) e os dodóis que, em número insuficiente para organizarem suas próprias manifestações, tentam empurrar um ato de terceiros para o fundo do poço com suas ideias que – não raro – vão contra a dignidade e a legalidade.

Se você acha que não dá para separar esses dois grupos – os conservadores e os dodóis – é porque precisa sair mais à rua.

Quanto mais a esquerda juntar esses dois grupos no mesmo balaio, mais eles vão se aproximar. Sei que PSDB e PT trouxeram muito lixo para perto de si como estratégia eleitoral (burra) e, agora, como diria Antoine de Saint-Exupéry, ambos são responsáveis por aquilo que seus marqueteiros cativaram. Mas eles também não são os demônios – apenas andaram invocando Bettle Juice vezes demais.

Mas nós (de esquerda, principalmente a não partidária) também precisamos fazer essa distinção no dia a dia. Caso contrário, por identidade reativa, jogaremos no colo dos amantes do ódio uma parcela da sociedade que apenas discorda de nós do ponto de vista ideológico.

E é isso o que desejam os dodóis, que insistem em batizar algumas atitudes criminosas de "reivindicações conservadoras".

Pois uma coisa é um pensamento, que merece ser respeitado e, na minha opinião, questionado – quando for o caso – nas arenas de discussões. A outra é gente que acha que a Constituição é papel higiênico, e as instituições democráticas – que levamos décadas para reconstruir – são um grande vaso sanitário de onde só exala fedor.

Reivindicações que incluem uma "intervenção militar constitucional" (haha), o bloqueio da transformação do país em uma "ditadura gayzista e feminazi" (hahahaha) e uma ação para evitar a "implantação do comunismo" pelo Partido dos Trabalhadores (kkkkkkkkk… #morri). Em que país eles vivem?

Li, tempos atrás, um panfleto que dizia que o PT estava rompendo com o capital, o que iria colocar o país em uma grave crise. Sério? Para com isso… Dá vergonha alheia! Desde quando o PT ou qualquer partido grande cria entraves para bancos, empreiteiras, empresas de telefonia e demais doadores de campanha?

É fundamental que ultraconservadores continuem mostrando sua cara e dizendo quem são. Você não está cansado de ser xingado por anônimos na internet? Não tem curiosidade de saber quem prega a violência contra minorias? O que comem? Como vivem? Como se acasalam?

Ruas, praças e avenidas não são apenas rotas de passagem de pedestres e automóveis, mas é onde se faz política e se exerce a cidadania. Que nos dediquemos a fomentar a cultura democrática, e não apenas chamar o outro de inimigo. E, aos dodóis que ultrapassarem os limites democráticos, de forma analógica ou digital, a força da lei.

O outro não é seu inimigo

Política é bom, e é sensacional que as pessoas estejam vivendo, fazendo e respirando política. Mas fazer política significa também ter estômago forte e alma tranquila, considerando que está em jogo a forma pela qual achamos que o país deve ser conduzido.

Ou seja, em tese, o seu interlocutor não é seu inimigo. Ele está no mesmo barco e, também em tese (OK, pelo menos em tese), compartilha com você um mesmo objetivo comum: uma vida melhor.

Manter um mínimo de civilidade é importante. Até porque a vida continua depois que protestos, eleições, impeachments ou golpes acabam.

Há pessoas que parecem não aceitar serem questionadas, talvez para afastar os medos e inseguranças sobre suas próprias crenças. Acredito que meu ponto de vista está correto. E defendo-o de corpo e alma. Mas sei que isso não faz dele o único. Outra pessoa pode defender que a forma mais correta de acabar com a fome, a violência, as guerras, a injustiça seja por outro caminho. Já encontrei respostas para indagações pessoais em pessoas que escrevem sob um ponto de vista totalmente diferente do meu.

Desse enfrentamento de ideias e de propostas, sairá um vetor resultante que apontará para uma direção, dependendo da correlação de forças envolvidas, dos atores dedicados a isso, da aceitação dessas propostas pelo restante da sociedade.

Sei que é duro acreditar nisso. Mas vamos discutir os argumentos que embasam as diferentes posições, e não chamar o outro de canalha ou burro, esquerdista idiota ou direita fascista, e travar por aí a discussão. A saída para contrapor uma voz não é um xingamento, mas sim outra voz.

Discordo do que defendem vários veículos de comunicação ou colegas de profissão, mas não quero que eles sejam fechados ou atacados. Pelo contrário, desejo que se fortaleçam, bem como as vozes dissonantes a eles, de forma a contemplarem devidamente o espectro ideológico, garantindo ponto e contraponto, peso e contrapeso à democracia.

Discordo, mas defendo o direito de que seja dito. Lembrando, contudo, que os discursos que incitarem a violência a terceiros, indo contra o que está determinado pela Constituição, terão que responder legalmente após serem proferidos. Nunca antes, pois isso seria censura.

Muitos simplesmente repetem mantras que leem na internet, ouvem em bares ou veem na igreja e não param para pensar se concordam ou não realmente com aquilo. É um "nós contra eles" cego, que utiliza técnica de desumanização, tornando esse outro uma coisa sem sentimentos.

É mais fácil pensar de forma binária, preto no branco, os de lá, os de cá. "Ah, mas você faz isso, japs!" Todos nós em alguma medida fazemos, infelizmente. Mas é como percebemos isso e atuamos para mudar nossas atitudes que realmente conta. Afinal, ninguém nasce pronto.

Caso contrário, a vida vai ficando mais pobre, paramos de evoluir como humanidade. Do outro lado sempre estarão os monstros, e do lado de cá, os santos. Isso sem contar a impossibilidade de apreciar tudo o que o outro tem de melhor – do ombro amigo à conversa inflamada em uma mesa de bar.

Na hora do embate, sugiro que busquem a tolerância no diálogo, mesmo que firme e duro, e se perguntem se acham que estão certos a todo momento, uma vez que nossa natureza não é de certezas, e sim de dúvidas e falhas, que só poderão ser melhor percebidas no tempo histórico.

POR QUE DEVEMOS CONTINUAR RESISTINDO

O Brasil é feito da resistência de gente anônima que apanha, mas fica em pé

O Brasil é um rapaz que nasce, negro e pobre, no extremo da periferia e, apesar de todas as probabilidades contrárias, chega à fase adulta.

É um vendedor ambulante que sai de casa às 4h30 todos os dias e só volta tarde da noite, mas ainda arranja tempo para ser pai e mãe.

É a jovem que, mesmo assediada no supermercado onde trabalha, não tem medo de organizar os colegas em busca de melhores condições.

É o travesti que segue de cabeça erguida na rua, sendo alvo do preconceito de "homens e mulheres de bem", sabendo que não consegue emprego simplesmente por ser quem é.

O Brasil é resistência. Não aquela cantada em prosas e versos, da resistência dos ricos e poderosos, que com seus grandes nomes deixaram grandes feitos que podem ser lidos em grandes livros ou vistos na TV. Mas a resistência solitária e silenciosa de milhões de anônimos que não possuem cidadania plena, mas tocam a vida mesmo assim.

Se houve melhora na maneira como este país trata os mais humildes, isso se deve à sua resistência, ou seja, à sua mobilização, pressão e luta, e não a bondades de supostos iluminados ou à esmola das classes mais abastadas. Até porque nossos "grandes líderes" naufragam em tempos de chuva ou desidratam em tempos de seca.

Resistência significa utilizar os meios possíveis e ao alcance de cada um para demonstrar sua insatisfação. Empresários resistem gastando dinheiro em suas causas e patos. Governo e oposição, usando a máquina pública e a paralisação do país em proveito próprio.

Mas quando trabalhadores e movimentos sociais prometem resistência a tentativas de reduzir seus direitos, cruzando os braços em greves e ocupando ruas, avenidas e outros espaços, demandando direitos ou defendendo a democracia, a ação vira caso de polícia. E torna-se crime. Um crime denunciado, investigado e processado de forma sumária pelos tribunais da internet, cuja sentença é executada por qualquer um da miríade de malucos que acreditam piamente estar em uma missão divina do bem contra o mal.

O macarthismo à brasileira está se instalando como ação sistemática de limpeza ideológica do pensamento progressista, espancando quem usa vermelho ou mesmo quem defende os liberais direitos humanos. Essa violência, contudo, é novidade para setores da classe média urbana e branca. Pobre, negro, gay, lésbica, sem-teto, sem-terra sempre tiveram seus direitos violados em nome de um "bem" maior. E resistiram, na maior parte do tempo, sozinhos.

Sob a justificativa da "governabilidade" (palavra pichada com sangue e fezes nos muros do inferno), o governo federal do PT fez alianças espúrias, apoiando forças econômicas e políticas que eram contrárias aos interesses populares, ignorando o suporte oferecido por esses mesmos movimentos para um mandato que significasse uma mudança de paradigma, uma "guinada à esquerda", mítico desejo da militância, que passa frio no barraco de lona na beira da rodovia, que convive com ratos em prédios ocupados em grandes cidades, que sente medo de ser despejada de sua terra tradicional, que vive as condições de trabalho tornadas precárias em nome do progresso.

Mas todos que militam pela efetividade dos direitos humanos lembram o que é ser considerado criminoso simplesmente por lutar pelo que é garantido pela Constituição. Lembram o que é levar cacete por representar o que está em desacordo com a visão hegemônica de "progresso" e crescimento econômico, seja no campo ou na cidade. Sabem que podem voltar a ser caçados. Para defender as conquistas sociais e trabalhistas, obtidas com muito sangue e suor, movimentos vão às ruas e defendem não um governo ou um partido, mas uma ideia que vale mais que a própria vida: democracia.

Se um país é a soma das histórias de sua gente, gente que apanha da vida e se mantém de pé, então esse país vale a pena.

Desinteresse por política pode não ser sinal de isenção, mas de covardia

Tenho calafrios quando ouço o discursinho de que um município, um estado ou o país estão no fundo do poço e nada pode piorar. Sim, Tiririca está errado. Por conta deste ofício de contador de histórias, posso atestar que no fundo do poço tem um alçapão.

"Ah, você tá defendendo o governo!" Não.

"Ah, você tá defendendo a oposição!" Não.

"Ah, você tá sendo isentão!" Afe… Não.

Eu estou defendendo o mínimo entendimento de história, esse campo do conhecimento tão esquecido.

Muitos desconhecem o valor das lutas que nos trouxeram até aqui. E o pior é que fomos nós mesmos que não fizemos muita questão de deixar isso claro. Pessoas não precisam ser mitificadas (heróis fedem), mas a luta coletiva travada não pode ser desprezada. Pois se daqui em diante novos caminhos podem ser trilhados, é porque pessoas abriram uma estrada. Ou seja, o mundo não nasceu conosco e nem vai deixar de existir quando a gente for embora.

Até porque "o povo não acordou" em junho de 2013. Quem acordou foi uma parte dele. Outra parte nunca dormiu, afinal não havia camas suficientes para tanta gente. No campo, marchas ainda reúnem milhares de pobres entre os mais pobres, que pedem terras para plantar e seus territórios ancestrais de volta – grupos que são vítimas de massacres e chacinas desde sempre. Ao mesmo tempo, feministas, negros, gays, lésbicas e sem-teto sempre denunciaram a violação de seus direitos.

Eu gosto de cinismo. Bem dosado, ele cria uma casca que nos protege da insana realidade. Mas sabe o que acontece quando você exagera e diz que não importa nada do que façamos? Que tudo vai continuar igual? As coisas continuam iguais.

Em momentos de esgarçamento da democracia, o desinteresse pela política pode não ser sinal de isenção ou cansaço, mas de covardia. Estou, com isso, pedindo para todos tomarem partido pró ou contra qualquer coisa? Não. Estou sugerindo que participem ativamente dos debates, recolhendo argumentos, discutindo pontos de vista; que saibam, de verdade, o que está acontecendo. E, se assim decidirem, que influenciem seus representantes políticos de acordo com a conclusão que tirarem diante de tudo isso, e não da conclusão que alguém lhe entregou de bandeja via WhatsApp.

Você acha *cool* se fazer de blasé diante da realidade? Acha ridículo o povo que se junta para debater política (os que fazem de forma civilizada, não os dodóis da cabeça que querem queimar gente na cruz) e os rumos do país? Tem nojinho de debate público? Crê que nada disso é útil e que melhor seria se cada um tocasse sua vida?

Não se engane: ao repetir que "nada adianta", você tem tanta responsabilidade por fazer cumprir essa profecia quanto os representantes dos poderes econômico e político que fazem de tudo para que "nada adiante" mesmo.

Sabe aquele mantra de que "religião e política não se discutem"? Então... é cascata – e das mais grossas. Coisa de covarde. Pois é exatamente ao não discutir esses dois assuntos fundamentais para o cotidiano que sacerdotes e políticos ganham liberdade para fazerem o que quiserem da vida alheia.

Ancoradas em nossa resignação, pessoas bisonhas tendem a ser eleitas para fazer rirem indivíduos, empresas e organizações que os apoiam.

Sim, em última instância, somos nós os responsáveis pela bisonhice. Seja por termos votado neles (reproduzindo o que terceiros disseram sem a devida análise de quem são, o que defendem e com quem estão), seja por não termos votado neles mas também não tentado, ao menos, pautar a discussão a respeito deles (quando tínhamos certeza de que não fariam um bom governo ou uma boa representação). Ou, pior: por não termos nos interessado em saber o que faz um presidente, um governador, um senador ou um deputado – ou se as opções que estão aí cumprem esse papel.

"Pô, mas política é chata demais." Bem, ela não precisa ser assim. Parece chata porque a construíram dessa forma. Invente sua maneira de fazer política, oras. Tem muita gente fazendo isso. E, principalmente, não xingue quem está debatendo, isso trava tudo.

Afinal de contas, a saída para contrapor uma voz não é forçar o silêncio, mas sim a entrada de outra voz. O silêncio dói, machuca. O diálogo é música. Sinto um amargo na boca quando vejo pessoas que, sob o risco de verem seus argumentos naufragarem em sua própria arrogância, tentam calar o outro. Ganhar no grito é prova de fraqueza intelectual, e não de força.

Muita gente simplesmente repete mantras que lê na internet, ouve em bares ou vê na igreja e não para pra pensar se concorda ou não realmente com aquilo. É um nós contra eles cego, que utiliza técnicas de desumanização, tornando o outro uma coisa sem sentimentos. Isso é muito útil durante momentos polarizados, como este, mas péssimo para o cotidiano.

Sugiro que se busque a tolerância no diálogo, mesmo que firme e duro, e que, ao se questionar o outro sobre as razões que o levaram a determinada escolha, não se tenha medo de colocar à prova a sua própria opção – que se for forte o bastante, resistirá ao contato com outra ideia.

Por fim, quem rompe a barreira do conformismo e tenta debater política – independentemente do seu posicionamento – não raro é taxado como chato, babaca ou subversivo. Ainda mais se o debate for profundo. É obrigado a ouvir pérolas como: "O seu argumento é muito longo, então é mentiroso, pois, se fosse verdade, seria curto." Meu Deus...

Caso tivéssemos essa necessária sensação de pertencimento ao país em que vivemos, participaríamos realmente da vida política e perceberíamos o quão importantes são momentos em que tomamos decisões para as próximas décadas.

Mas o país, de fato, não nos pertence. Nós o entregamos, há muito tempo, às indústrias de automóveis, às empreiteiras e às empresas de telefonia móvel, entre outras, que sabem do que a gente realmente precisa.

Então, por que discutir política? Compre, fique quieto e seja feliz.

EPÍLOGO...

Nada, absolutamente nada, é pior do que se deparar com um jovem com uma cabeça mofada.

E, por favor, não me interpretem mal. "Mofada" aqui não tem a ver com idade, porque há pessoas que ultrapassam os 80, 90 anos compreendendo o tempo em que vivem e, em uma constante renovação de si mesmas, conseguem atualizar sua visão de mundo sem corromper sua ética e seus ideais. Elas exalam um frescor de pensamento e uma abertura para o diálogo que muita gente que nem completou 20 anos não conseguiria mesmo se tivesse overdose de xampu de bebê. Aquele que não irrita os olhos.

A cabeça mofada é estagnada. É aquela que, sob absoluta certeza de que sabe de tudo e já viu tudo, fecha-se para o novo ao seu redor. Não por conta da inocência presente nas verdades incontestáveis da adolescência, mas pela preguiça de cruzar o cercado do seu universo particular. Indo contra, justamente, o que se espera de uma cabeça aberta a todas as possibilidades, capaz de sentir empatia com mais facilidade do que nós – que já temos uma bagagem carregada de preconceitos, destilados ao longo do tempo por nossos medos e traumas.

É aquela cabeça que bate no peito o orgulho por sua individualidade, mas que joga fora exatamente uma de suas melhores características: a possibilidade de reflexão solitária que leva a decisões racionais.

Porque, não se engane, a massa muitas vezes age de forma inconsequente, seguindo líderes, independentemente da cor da camisa que usem ou das contas anônimas em redes sociais que produzam. A massa superficial não raro comete atrocidades piores do que aquelas que afirma combater.

No caso brasileiro, temos o exemplo das conquistas que levaram à efetivação de direitos desde o fim da ditadura civil-militar. Essa contestação se apresenta na forma de algumas aberrações, do tipo: "Sou contra os direitos humanos porque isso é coisa que os mais velhos defendem, e eu sou do contra." É claro que, neste caso, esta reflexão conta com a ajudinha de lideranças sociais e digitais que dizem que a sociedade, hoje, vive uma ditadura dos direitos humanos que precisa ser enfrentada.

Se isso fosse verdade, negros não seriam vítimas de racismo, homossexuais e transexuais não seriam agredidos na rua, muito menos jovens pobres seriam assassinados nas periferias e indígenas desterrados em nome do progresso. E mulheres teriam direito sobre o próprio corpo.

Não vivemos uma ditadura gay, feminista, negra. Isso é bobagem. Nem chegamos a dar a eles status de cidadania plena.

Você acha que ridicularizar minorias e se ajoelhar diante de ricos e poderosos é ser destemido? Como é que se chama mesmo aquele que bate só nos mais fracos?... Ah, lembrei: covarde.

A cabeça jovem que se deixou mofar repete mantras de terceiros e não tenta pensar por conta própria a partir de informações que absorveu, somadas à sua vivência pessoal. Não pula o muro de casa e vai para o mundo entender o que está acontecendo, o que temos de bom, o que temos de ruim, o que mudar e para onde ir. Está feliz com o mundo que o algoritmo da rede social criou para ela, com o conforto de ver os amigos em consonância com o seu pensamento. Pois a ignorância é realmente um lugar quentinho.

E ao terceirizar sua interpretação da realidade, torna-se massa de manobra, bucha de canhão ou qualquer adjetivo bem fuleco para designar os que, no desejo de mudarem o mundo para melhor, devolvem-no para onde ele estava antes, fazendo o jogo de quem sempre esteve no poder.

Você pode achar que estou falando besteira. Aliás, espero que não concorde com tudo o que está escrito aqui.

Mas, sei lá, dê uma olhada nos livros de história. E veja se o comportamento que você adota diante do seu semelhante e dos direitos dele é algo novo ou o mesmo que os donos do poder político, econômico e religioso fizeram nas últimas centenas de anos.

Se for, fica a dica: talvez seja hora de você dar aquela refletida solitária e pensar se não está caminhando com pés alheios.

Estes textos foram escritos como resultado do período como pesquisador visitante no Departamento de Política da New School for Social Research, em Nova York. Publicados originalmente no blog do autor no portal UOL, foram editados e adaptados para fazerem parte deste livro.

Agradeço a Marina Bessa, Piero Locatelli e Rodrigo Ratier pela contribuição na organização deste livro.

1ª edição	Maio de 2016
papel de miolo	*Offset* $90g/m^2$
papel de capa	Cartão Supremo $250g/m^2$
tipografia	Dante MT Std
gráfica	Santuário